존 비비어의
승리

VICTORY in the Wilderness

Copyright ⓒ 1992, 2002 by John P. Bevere
Published by John Bevere Ministries, Inc.
P.O.Box 888
Palmer Look. Co 80133-0888

Korean translation Copyright ⓒ 2004, 2007 by Pure Nard
2F 16, Eonju-ro 69-gil, Gangnam, Seoul, Korea

The Korean edition is published by Arrangement with, John Bevere Ministries, Inc.
All rights reserved.

본 저작물의 한국어판 저작권은 John Bevere Ministries, Inc와의
독점 계약으로 '순전한 나드'가 소유합니다.
저작권자의 허락 없이 이 책의 일부 또는 전체를 무단 복제, 전재, 발췌하면
저작권법에 의해 처벌을 받습니다.

광야의 삶을 통해 배우는 순종과 승리
존 비비어의 승리

개정판 4쇄 | 2016년 2월 29일

지 은 이 | 존 비비어
옮 긴 이 | 이동화

펴 낸 이 | 허 철
편　 　집 | 김은옥
디 자 인 | 디자인채이
인 쇄 소 | 영진문원

펴 낸 곳 | 도서출판 순전한 나드
등록번호 | 제 2010-000128
주　 　소 | 서울특별시 강남구 언주로69길 16, (역삼동) 2층
도서문의 | 02) 574-6702/010-6214-9219
편 집 실 | 02) 574-9702
팩　 　스 | 02) 574-9704
홈페이지 | www.purenard.co.kr

ISBN 978-89-6237-115-4 03230

| 광야에서의 승리 개정판 |

존 비비어의
승리

존 비비어 지음 · 이동화 옮김

Victory in the Wilderness

광야의 삶을 통해 배운 순종과 승리

| 차례 contents |

머리말 … 6

Part 1 | 광야
제1장 광야의 시절 … 11
제2장 광야의 정의 … 19

Part 2 | 시험의 때
제3장 시험의 때 … 29
제4장 우리의 본보기 … 41

Part 3 | 정화의 때
제5장 하나님의 대로 … 57
제6장 참 선지자들 … 61
제7장 주님이 그의 성전에 오시다 … 69
제8장 정화하는 불 … 81

Victory in the Wilderness

제9장 정화와 소멸 ··· 91
제10장 악인들의 심판 ··· 101
제11장 정화의 도구들 ··· 115

Part 4 | 준비의 때

제12장 주의 길을 예비하라 ··· 137
제13장 변화를 위한 준비 ··· 157
제14장 변화에 찾아오는 저항 ··· 173

Part 5 | 광야에서의 승리

제15장 계시의 장소 ··· 187
제16장 우물에서 물을 길음 ··· 199
제17장 광야에서의 승리 ··· 209

머리말 prologue

    이 책은 모든 그리스도인이 하나님께 더 가까이 나아가려고 할 때, 반드시 통과해야 하는 어떤 장소나 일정한 과정인 광야에 대한 이야기다. 광야의 때는 표적이나 기적을 갈망할 때가 아니라, 신자 속에 인격과 힘을 산출해 낼 하나님의 마음을 간구할 때이며, 준비의 때다. 또한 앞날에 대한 약속도 없이 모든 것이 절망적으로 보이는 때다.

    나는 이 책이 우리를 만족하게 하시는 오직 한 분인 하나님을 찾기 위한 길에 서 있는 당신에게 용기와 힘을 북돋아 주는 역할을 했으면 한다.

    나는 이 책이 완벽하거나 하나도 빠진 것이 없는 철저한 연구라고는 감히 주장하지 않는다. 아직도 쓸 것이 많기 때문이다. 단지 이 책의 내용은 나의 심령에서 나온 것임을 확실하게 말씀드린다.

    이 책을 저술한 목적은 당신에게 이 주제를 소개하고, 성령님으로 하여금 당신에게 이것을 적용할 수 있는 공간을 마련해 주는 것이다. 나는 이 책의 주제에 대해(당신의 삶에 적용하는 데 영향을 끼치는 것을 피하려고) 의도적으로 나의 삶을 통해 체험한 것들을 자세히 간증하지 않으려고 노력했다. 사람들이 겪는 광야는 개인마다 다른 환경으로 조성되기 때문이다.

    내가 광야에 도착했을 때, 나는 혼돈, 좌절, 두려움, 의심, 외로움, 낙망, 분노와 마주했다. 나는 여기서 무엇을 하고 있는가? 이것이 나의 삶의 목표는 아니다. 그럼에도 불구하고, 하나님께서 나의 심령을 찢고, 나의 동기를 새롭게 하고, 숨겨진 죄를 씻어 주시고, 나의 그릇을 깨끗하게 하고, 하나님의 영광을 가로막는 장애물들을 제거해 주시기를 부르짖었다. 그러나 나는 하나님께서 내 삶의 목표를 이루시기 위해 선택하신 그 과정을 예상하지 못했다.

이 책은 광야를 통과하는 나의 여정이며, 다른 많은 사람의 여정이기도 하다. 나는 아직도 그 목표에 도달하지 못했고, 하나님께서 나를 위해 예비하신 것들도 다 얻지 못했지만, 당신은 이 책 속에서 하나님께서 예정해 놓으신 삶의 목표를 향해 전진해 나아가는 힘과 용기를 발견하게 되기를 기도한다.

만약 당신이 이 세상에서 자신의 신분을 이해한다면, 미래 지향적인 삶을 살 것이다. 그러면 하나님의 감동을 느끼지는 못할지라도, 당신은 하나님의 역사하시는 손을 볼 수 있을 것이다. 그때는 하나님을 향한 당신의 사랑이 "하나님께서 나를 위해 무엇을 하실까?"라는 단계를 지나, "하나님께서 나에게 무엇을 바라시는가?"라는 단계로 성숙해지는 때다.

• Part •
1

광야

또 무리에게 이르시되 너희가 구름이 서쪽에서 이는 것을 보면 곧 말하기를 소나기가 오리라 하나니 과연 그러하고 남풍이 부는 것을 보면 말하기를 심히 더우리라 하나니 과연 그러하니라 외식하는 자여 너희가 천지의 기상은 분간할 줄 알면서 어찌 이 시대는 분간하지 못하느냐 또 어찌하여 옳은 것을 스스로 판단하지 아니하느냐(눅 12:54~56)

Victory in the Wilderness

Growing Strong in Dry Times

제1장
광야의 시절

> 당신은 지금 절망 속에서, 전에는 주님의 이름만 속삭여도
> 바로 하나님의 임재하심을 느꼈던 때를 기억하면서, 고요 속에서
> "하나님, 지금 어디에 계십니까?"라고 외치고 싶다.

> 그런데 내가 앞으로 가도 그가 아니 계시고 뒤로 가도 보이지 아니하며 그가 왼쪽에서 일하시나 내가 만날 수 없고 그가 오른쪽으로 돌이키시나 뵈올 수 없구나(욥 23:8-9)

이것이 당신의 심령의 외침인가? 당신은 지금 하나님의 음성 듣기를 갈망하지만 느끼는 것은 오직 정적뿐이다. 당신은 기도하지만 모두 땅에 떨어지는 것 같다. 당신은 지금 절망 속에서, 전에는 주님의 이름만 속삭여도 하나님의 임재하심을 느꼈던 때를 기억하면서, 고요 속에서 "하나님, 지금 어디에 계십니까?"라고 외치고 싶다. 욥과 같이 사방을 둘러보면서 하나님을 찾지만 하나님의 임재하심과 하나님께서 당신을 위해 역사하고 계심을 조금도 느낄 수가 없다.

광야에 '들어온 것'을 두 손 들어 환영한다. 당신은 혼자가 아니라 많은 형제자매와 함께 있다는 것을 기억하기 바란다.

당신은 모세가 걸었던 곳을 걷고 있다. 모세는 바로 왕의 궁전에서 왕자로 자랐다. 모세는 자기 민족을 속박과 노예생활에서 구원하는 비전이 있었다. 그러나 모세는 광야의 뒤쪽, 한 모퉁이에서 40년 동안 양을 치고 있었다.

당신은 요셉과 함께 있다. 요셉은 아버지의 특별한 사랑을 받았다. 요셉에게는 지도자로서 성공에 대한 꿈이 있었다. 그러나 요셉은 형들에 의해 구덩이에 던져졌다가 노예로 팔려 갔고 나중에는 감옥에 갇혔다.

당신은 욥과 함께 앉아 있다. 욥은 "동방 사람 중에 가장 훌륭한 자"(욥 1:3)였지만, 재산과 자녀들, 건강, 부인의 사랑 등 모든 것을 잃은 사람이었다.

무엇보다도 중요한 것은, 당신은 하나님의 아들 예수님과 함께한다는 것이다. 예수님은 하나님 아버지와 성령님으로부터 진정 하나님의 아들이라는 증거를 받으신 후에 어둠의 세력과 대면하기 위해 광야로 가셨다.

광야는 하나님의 모든 자녀에게 꼭 필요한 시간이며, 삶의 한 계절이지만, 광야의 여정은 길고 멀다. 우리는 이 광야를 통과하지 않고 피해 가기를 원한다. 그래서 지름길이나 우회하는 길을 찾지만 그런 길은 없다. 광야는 약속의 땅으로 가는 길이며, 광야를 통과하지 않고는 그 땅을 차지할 수가 없다. 약속의 땅으로 꼭 들어가야 한다면, 절대적으로 광야의 때와 시절을 바로 알아야 한다.

광야의 시기를 분별함

> 잇사갈 자손 중에서 시세를 알고 이스라엘이 마땅히 행할 것을 아는 우두머리가 이백 명이니 그들은 그 모든 형제를 통솔하는 자이며(대상 12:32)

잇사갈 자손은 하나님의 때를 알았기 때문에 이스라엘 백성이 어떻게 행해야 하는지를 잘 알았다. 성령의 때와 시절을 이해하는 사람들은 하나님께서 무엇을 행하실 것인가를 알고 지혜롭게 대처한다. 반대로, 하나님의 때와 시절을 이해하지 못하는 사람들은 하나님께서 그들의 삶 속에서 무엇을 이루고자 하시는지를 알지 못하고, 지혜롭게 행하지 못할 것이다. 이것을 설명하기 위해, 예수님은 누가복음 12장 54-56절에서 다음과 같이 말씀하셨다.

> 또 무리에게 이르시되 너희가 구름이 서쪽에서 이는 것을 보면 곧 말하기를 소나기가 오리라 하나니 과연 그러하고 남풍이 부는 것을 보면 말하기를 심히 더우리라 하나니 과연 그러하니라 외식하는 자여 너희가 천지의 기상은 분간할 줄 알면서 어찌 이 시대는 분간하지 못하느냐 또 어찌하여 옳은 것을 스스로 판단하지 아니하느냐

농부가 씨를 뿌릴 때에 추수를 기대할 수 있겠는가? 분명히 그 대답은 "아니오"다. 파종 시기에 씨앗을 심지 않으면, 추수 때에 아무것도 수확하지 못한다. 파종 시기를 놓치지 않는 것이 농작물 수확에 있어서 결정적이다. 농부가 씨앗을 너무 일찍 심거나 너무 늦게 심는다

면, 추수 때에 수확의 양이 줄어들 것이다. 씨앗이 자라는 데 필요한 것들을 흡수하는 적당한 때를 놓쳤기 때문이다. 씨앗이 준비되기도 전에 비와 더위, 그리고 눈과 한파가 몰아칠 것이다. 하나님께서 공급하시는 모든 조건을 충분히 농작물이 받으면서 자라기 위해서, 농부는 씨 뿌리는 시기를 정확히 알아야 한다.

지금 교회는 다가오는 추수의 때를 준비하는 과정에 있다. 하나님께서 가지쳐 주시고 가꾸어 주실 때 충분한 유익을 얻기 위해 우리는 그때를 알아야 한다. 우리는 추수 때를 위해 외치고 있다. 그러나 지금은 추수 때가 아니라 가지를 치고 접목할 때다.

예수님은 사람들이 잘못된 시기에 잘못된 것을 원하는 것 때문에 그들을 책망하셨다. 왜냐하면 "범사에 기한이 있고 모든 목적이 이룰 때가 있기 때문이다"(전 3:1).

이 책을 통해 중요한 목적이 있는—가지 치고, 접목하는 때—광야의 때에 대해 깨닫기 바란다. 광야의 목적은 '준비'에 있다.

광야는 하나님께 순종하는 자들에게 결코 부정적인 시기가 아니다. 매우 긍정적인 목적이 있다. 새로운 성령의 역사를 위해 우리를 훈련시키고 준비시키는 시기다. 광야에 들어가서 지혜롭지 않게 행동하는 사람들이 있다. 광야를 이해하지 못하면 잘못된 것들을 추구하고 행하게 된다. 하나님께서 왜 당신을 특정한 환경, 즉 광야로 인도하셨는지를 알기도 전에 도피할 길을 찾는다면 결국 광야에서의 시간만 연장될 것이다. 하나님께서 당신을 인도하신 그 시기와 장소를 알지 못하고, 도피할 길만 찾는다면 오히려 혹독한 고생과 좌절, 패배만 경험할 뿐이다.

이스라엘 백성이 이와 같았다. 그들은 광야의 시기를 이해하지 못했기 때문에 한 세대 전체가 약속의 땅을 유업으로 받지 못했다. 하나님께서 이스라엘 백성을 광야로 인도하신 목적은 그들을 시험하고, 연단하고, 준비시켜 거룩한 군사로 만들기 위함이었다.

그러나 이스라엘 백성은 광야를 하나님의 심판으로 잘못 생각했고, 늘 원망하고 불평하며 악을 행했다. 광야를 지나 이제 약속의 땅을 정복하고 점령해야 할 때가 왔을 때, 그들은 원망과 불평으로 악하게 보고하는 것을 귀담아 듣고 말았다. 그들에게 하나님의 약속과 능력, 아니면 인간의 지각과 무능력 중에 선택할 기회가 주어졌지만, 그들은 하나님을 선택하기보다 인간을 믿기로 했다. 그들은 젖과 꿀이 흐르는 약속의 땅을 얻을 수 없다고 믿은 것이다. 그래서 하나님은 "좋다, 너희들의 믿음대로 될지어다"라고 말씀하셨다.

> 그들에게 일어난 이런 일은 본보기가 되고 또한 말세를 만난 우리를 깨우치기 위하여 기록되었느니라(고전 10:11)

그들은 하나님의 본성과 성품을 알지 못했기 때문에 악하게 행동했고, 짧게 예정되었던 광야의 여정이 한평생의 경험이 되고 말았다.

광야를 이해하는 사람들은 '약속의 땅'이 저 건너편에 있다는 것을 알기 때문에 기쁨으로 들어갈 것이다. 저 앞에 놓여 있는 비전을 바라보는 기쁨은 광야의 여정을 다 마치는 데 필요한 힘이 될 것이다.

"인내를 온전히 이루라 이는 너희로 온전하고 구비하여 조금도 부족함이 없게 하려 함이라"(약 1:4).

하나님은 성령의 새로운 역사를 준비하면서 하나님께서 쓰실 그릇들을 창조하신다.

광야 : 심판이나 비난의 때가 아니다

이 책은 무엇이 광야이며 또 무엇이 광야가 아닌지, 광야의 목적, 유익, 심판에 대해 기술할 것이다. 성령님이 나에게 이 책에 기록하도록 요청하시는 실례들, 예화들, 교훈의 말씀을 통해 당신이 광야의 시절을 통과하는 동안 지혜롭게 걸어가는 방법을 깨닫게 되기를 기도한다.

광야의 훈련을 성공적으로 완수한 사람의 대표적인 예인 예수님으로부터 시작하겠다.

누가복음 3장 22절에 성령님이 보이는 형체(비둘기 모양)로 예수님 위에 강림하셨고, 성부 하나님이 "너는 내 사랑하는 아들이라 내가 너를 기뻐하노라"고 선포하셨다. 성부 하나님은 예수님을 "하나님의 아들"이라고 선포하셨을 뿐 아니라, 모든 사람이 성부 하나님이 예수님을 인정하신다는 사실을 듣도록 하셨다. 그러나 우리는 누가복음 4장 1절에서, "예수께서 성령의 충만함을 입어 요단 강에서 돌아오사 광야에서 사십 일 동안 성령에게 이끌리시며"라고 기록된 것을 보게 된다. 여기에서 예수님이 광야로 이끌리어 들어가신 것은 하나님의 인정을 받지 못함도, 심판도 아니라는 사실을 분명히 알 수 있다. 처음부터 이것을 확실하게 깨닫는 것이 중요하다. 우리의 심령 속에서 이 질문이 완전히 해결되어야 한다.

두 번째로 분명히 이해해야 할 것은 하나님이 당신을 사탄의 계략에 넘기시고 잊기 위해 광야로 인도하신 것이 아니라는 사실이다. 하나님은 약속의 땅에 들어가기 전에 출애굽 2세대들에게 훈계하셨다.

> 네 하나님 여호와께서 이 사십 년 동안에 네게 광야의 길을 걷게 하신 것을 기억하라 이는 너를 낮추시며 너를 시험하사 네 마음이 어떠한지 그 명령을 지키는지 지키지 않는지 알려 하심이라(신 8:2)

시험에 들지 마라. 하나님은 우리가 광야에 있다고 해서 우리의 삶에 역사하시는 것을 중단하지 않으신다. 하나님은 광야를 통과하도록 우리를 인도하신다. 하나님께서 인도하지 않으시면 결코 광야를 통과할 수가 없다. 더 나아가서 광야는 하나님께서 쓰시고자 하실 때까지 우리를 '선반 위에 올려놓는' 것처럼 놓아 두시는 곳이 아니다. 그것은 우리를 사랑하시는 하나님 아버지께서 역사하시는 방법이 아니다.

광야는 하나님께서 더욱 강하게 역사하시는 장소와 때다. "나무들 때문에 숲을 볼 수 없다"라는 말을 잘 알 것이다. 광야도 마찬가지다. 광야 안에 있을 때는 하나님의 역사하심을 보기가 어렵다.

세 번째로 확실히 해야 할 것은, 적어도 하나님께 순종하는 자들에게는 광야가 결코 패배의 장소가 아니라는 것이다. 예수님은 40일 동안 금식하여 연약하셨고, 터놓고 이야기할 사람도 없었고, 격려받을 만한 사람도 없었고, 평안히 쉬지도 못하시고, 초자연적인 나타냄도 없이 지내면서 광야에서 마귀의 공격을 받았다. 예수님은 하나님의 말씀으로 마귀를 물리치셨다. 광야는 하나님의 자녀들이 패배를 당하는 곳이 아니다.

> 항상 우리를 그리스도 안에서 이기게 하시고 우리로 말미암아 각처에서 그리스도를 아는 냄새를 나타내시는 하나님께 감사하노라(고후 2:14)

하나님의 백성이 광야에서 체류하는 동안, 주위에 있는 많은 나라들의 공격을 받았다. 하나님은 이스라엘 백성에게 나아가 싸우라고 하셨다. 이스라엘 백성은 아모리 족속(민 21:21-25), 미디안 족속(민 31:1-11), 그리고 바산 백성(민 21:33-35)을 패배시켰다. 만약에 하나님의 목적이 이스라엘 백성으로 하여금 패배를 체험케 하는 것이었다면, 그들에게 위치를 지키라고 명령하지 않았을 것이다. 하나님의 의도는 이스라엘 백성이 광야에서 패배하는 것이 아니었지만, 많은 사람들이 약속의 땅에 들어가지 못하고 죽었다. 이것은 하나님께서 원하신 바는 아니었지만 그들의 불순종으로 말미암아 초래된 슬픈 결과다.

지금까지 읽은 글을 통해 당신이 광야에 있는 이유는, 하나님의 인정을 받지 못했거나 벌을 받기 위해서가 아님을 확실히 이해했을 것이다. 그리고 광야는 하나님이 당신을 버리는 곳도, 잊어버리는 곳도 아니다. 광야는 우리가 하나님을 믿고 순종할 때, 승리의 장소가 될 것이다.

제2장

광야의 정의

인격이 변화되어야 할 때가 왔다.
광야는 바로 인격이 변화되는 곳이다.

―――

　1장에서 우리는 '광야의 특성이 아닌 것'에 대해서 이야기했다. 이번 장에서는 '광야의 정의'에 대해 조명하고자 한다. 많은 사람이 광야에 들어갈 때, 자신을 정죄한다. 그들은 하나님과 멀어졌거나 하나님을 기쁘게 해드리지 못했다고 생각한다. 이것은 광야의 의미와 목적을 오해한 것이다.

　성경과 인류 역사를 보면, 하나님 안에서 삶의 목적을 준비할 때에는 모두 광야를 통과했다. 그러므로 광야는 하나님의 버림이 아니라 하나님의 준비인 것이다.

　이 장을 시작하면서, 구약에 나오는 사건들은 하나님의 언약에 대한 예시와 신약의 예시인 것을 말하고 싶다. 나는 구약에 나오는 사건들과 예언들을 광야를 설명하기 위한 예화로 사용할 것이다. 우리가 율법과 선지자들을 통합하여 잘 연구함으로 하나님께서 어떻게 역사하시는지, 그리고 하나님의 교회를 어떻게 다루시는지를 잘 알 수 있다. 예수님은 마태복음 5장 17-18절에서 다음과 같이 말씀하셨다.

> 내가 율법이나 선지자를 폐하러 온 줄로 생각하지 말라 폐하러 온 것이 아니요 완전하게 하려 함이라 진실로 너희에게 이르노니 천지가 없어지기 전에는 율법의 일점 일획도 결코 없어지지 아니하고 다 이루리라

성령님은 그리스도 안에 감추어진 구약의 비밀을 밝히심으로 성경을 조명해 주신다. 구약을 읽을 때 신약의 진리들이 예시된 것을 보게 될 것이다. 고린도전서 10장 11절은 다음과 같이 말한다.

> 그들에게 일어난 이런 일은 본보기가 되고 또한 말세를 만난 우리를 깨우치기 위하여 기록되었느니라

하나님은 우리가 족장들과 선지자들의 교훈과 삶을 통해 유익을 얻기 원하신다. 구약의 많은 예언이 역사적으로 이미 이루어졌다고 해서 현실에 적용할 수 없다고는 말할 수 없다. 한 예언이 다른 예언을 무효화하지는 못한다.

광야의 이해

욥기에 묘사된 구약의 광야에 대한 예를 한번 보자.

> 그런데 내가 앞으로 가도 그가 아니 계시고 뒤로 가도 보이지 아니하며 그가 왼쪽에서 일하시나 내가 만날 수 없고 그가 오른쪽으로 돌이키시나 뵈올 수 없구나 그러나 내가 가는 길을 그가 아시나니 그가 나를 단련하신 후에는 내가 순금 같이 되어 나오리라(욥 23:8-10)

정말 광야에 대한 전형적인 묘사다. 욥은 그의 삶 속에서 하나님의 임재하심과 역사하심을 찾고 있다. 욥이 열심히 찾으면 찾을수록 하나님을 만나기가 더 어려운 것 같다. 그러나 하나님은 욥을 위해 일하시며, 욥의 삶 속에서 무엇이 일어나고 있는지도 정확하게 알고 계신다. 우리가 하나님의 임재하심을 쉽게 감지하지 못한다고 해서 하나님이 우리와 함께하지 않거나 우리의 삶 속에서 역사하지 않는다는 의미는 아니다.

당신이 처음 예수님을 영접하고 성령의 기름 부음을 받았을 때는, 하나님의 임재하심이 신비로운 실제로 느껴졌을 것이다. 당신이 주님의 이름만 불러도 그분은 즉시 응답하셨다. 당신이 기도할 때, 주님이 옆에 계심을 느낄 수 있었다. 당신은 하나님의 가족으로 새롭게 태어난 아이처럼 어린아이가 받을 수 있는 모든 관심을 다 받았다.

갓 태어난 아기에게는 항상 관심이 필요하다. 음식을 먹여 주어야 하고, 옷을 입혀 주어야 하고, 목욕을 시켜 주어야 한다. 아기를 위해 모든 일을 해야 하며 아기는 그것에 의지한다. 그러나 점차 어린아이 스스로 할 수 있도록 해야 한다.

나의 큰아이가 스스로 음식을 먹기 시작했을 때, 엄마가 먹여 줄 때처럼 음식을 입 속으로 잘 넣을 수가 없기 때문에 짜증을 내곤 했다.

전에는 아주 쉽게 먹을 수 있었지만 이제는 무척 힘들기 때문이다. 우리가 계속해서 음식을 먹여 주면 모두가 편하겠지만, 우리는 큰아이 스스로 하도록 했다. 만약에 우리가 '쉬운' 길을 택했다면, 아이는 정상적인 성장을 하지 못했을 것이다. 어린아이들이 자라면서 받는 지원의 정도는 그들의 성장과 발달에 큰 영향을 미친다.

하나님은 우리가 영적으로 발전하고 성숙하도록 이렇게 역사하신다. 우리가 처음 영적으로 거듭나고 성령 충만함을 받았을 때, 한동안은 울기만 하면 주님은 언제든지 나타나 주셨다. 하지만 우리의 영적 성숙을 위해서 주님을 불러도 즉시 응답하지 않는 기간을 통과하도록 허락하신다.

우리의 인격이 변화해야 할 때가 온다. 광야는 우리의 인격이 변화되는 곳이다. 광야에서는 주님이 수천 미터나 멀리 계신 것 같고, 하나님의 약속은 까마득하게 먼 것만 같다. 그러나 주님은 바로 우리 옆에 계신다. 왜냐하면 주님은 "내가 결코 너희를 버리지 아니하고 너희를 떠나지 아니하리라"(히 13:5 하반절)고 약속하셨기 때문이다.

이때는 당신의 꿈이나 주님의 약속과는 정반대로 가는 것처럼 느껴진다. 성장도 없고 변화도 없는 것 같다. 당신은 뒷걸음질치고 있는 것처럼 느낄 것이다. 주님의 임재를 더 예민하게 느끼기는 고사하고 점점 둔감해지는 것 같다. 하나님께서 더 이상 당신을 사랑하지 않는 것 같고, 심지어는 하나님이 당신을 완전히 무시하는 것처럼 느껴질 것이다. 그러나 절대로 그렇지 않다.

일용할 양식

광야에 있을 때는 하나님께서 '풍성한 것들'을 주시는 것이 아니라 '일용할 양식'만을 주신다. 이때는 당신이 원하는 것보다는 육신적으로 물질적으로 필요한 것만 얻는 때다. 이때는 당신이 사회적으로 원하는 것이 아니라 꼭 필요한 것만 경험하게 될 것이다. 광야에서도 하나님은 우리의 영적 필요를 잘 알고 계신다. 그러나 그것은 당신이 필요하다고 생각하는 것들이 아닐 수도 있다.

우리는 이것을 '궁핍'이라고 하며, '궁핍은 마귀에게서 오는 것'이라고 생각한다. 문제는 우리가 정의하는 '필요'와 '원하는 것'이 실제와 다르다는 데 있다. 우리는 우리가 원하는 것을—사실은 그렇지 않지만—'필요한 것'이라고 생각한다.

미국 교회는 빌립보서 4장 11-13절에서 바울 사도가 말하는 바를 배워야 한다.

> 내가 궁핍하므로 말하는 것이 아니니라 어떠한 형편에든지 나는 자족하기를 배웠노니 나는 비천에 처할 줄도 알고 풍부에 처할 줄도 알아 모든 일 곧 배부름과 배고픔과 풍부와 궁핍에도 처할 줄 아는 일체의 비결을 배웠노라 내게 능력 주시는 자 안에서 내가 모든 것을 할 수 있느니라

바울은 그리스도의 능력으로 광야에 있으면서도 마치 풍부에 처한 것같이 만족하는 비결을 배웠다. 미국 교회는 어느 것도 배우지 못했다. 안타깝게도, 풍부에 처한 자들이 궁핍에 처해 고생하는 자들보다

더 만족하지 못한다.

우리는 마땅히 우리의 것이라고 생각하는 것들을 다 소유하지 못하면, 그것을 '궁핍'이라고 생각한다. 우리는 그 사람의 인격을 보고 판단해야 함에도 불구하고, 그 사람의 소유를 보고 그의 영성을 판단한다.

이스라엘 백성은 애굽 사람들에게서 약탈한 많은 소유(은과 금, 보석)를 가지고 애굽에서 나왔다. 그러나 그들은 귀금속으로 우상을 만들고 좋은 보석으로 단장하고 우상 앞에서 춤을 추었다. 그들의 소유물들은 조금도 신령하게 보이지 않았다. 오히려 그 반대다.

원래 애굽에서 나온 사람들 중에 두 사람만 약속의 땅에 들어가 그 땅을 소유할 인격을 갖고 있었다. 바로 여호수아와 갈렙이다. 그들만 이스라엘 백성과는 다른 영을 갖고 있었고, 약속의 땅에 들어갔다. 그들은 온전히 하나님을 따랐다(민 14:24). 만약 우리가 그 사람의 인격이 아니라 소유로 판단한다면, 우리의 가치 체계는 비뚤어진 것이다.

반대로, 어떤 성도가 재정적으로 풍부하거나 지도력이나 영향력을 행사할 수 있는 직위에 오르면, 그것은 자기가 원하는 대로 할 수 있는 하나님의 축복이라고 생각한다. 그런 사람은 자기가 갖고 싶은 대로 다 사들이고, 자신의 쾌락을 위해 돈을 사용하고, 자기의 유익을 위해 자기의 직위로 영향력을 행사한다.

재정적인 축복과 더 큰 권위를 받았을 때는, 하나님의 목적과 인도하심을 위해 하나님을 더 의지해야 한다.

어떤 사람들은 권위 있는 직위에 오르면, 그 권위를 하나님의 계획보다는 자기의 의사결정을 위한 도구로 사용한다. 그들은 자기의 욕망을 채우기 위해 하나님의 백성이라는 이름을 남용한다.

바울 사도는 자기가 영적으로 세운 교회들로부터 재정적인 지원을 받을 권리가 있었지만, 다음과 같이 말했다.

"우리가 너희에게 신령한 것을 뿌렸은즉 너희 육적인 것을 거두기로 과하다 하겠느냐 다른 이들도 너희에게 이런 권리를 가졌거든 하물며 우리일까보냐 그러나 우리가 이 권리를 쓰지 아니하고 범사에 참는 것은 그리스도의 복음에 아무 장애가 없게 하려 함이로라"(고전 9:11-12).

바울 사도에게는 복음에 아무 장애가 없게 하는 것이 마땅히 누려야 할 자기의 권리보다 더 중요했다.

바울 사도는 빌립보서에서 헌금에 대해 이렇게 말한다.

"내가 선물을 구함이 아니요 오직 너희에게 유익하도록 풍성한 열매를 구함이라"(빌 4:17).

바울의 관심은 자신의 유익이나 선교사업이 아니라 헌금하는 성도들이 성장하는 것에 있었다.

어떤 사람들은 성령의 기름 부으심의 풍성함을 바로 배우지 못했다. 이들은 성령의 기름 부음을 목회사업을 위해 이용한다. 이들의 동기는 자기의 명성을 높이거나 혹은 많은 헌금을 거두어들이는 것일 수도 있다. 동기가 무엇이든 그 초점이 하나님의 마음에 있지 않다면, 결국은 망할 것이다. 하나님의 마음은 사람이지, 목회자의 이기적인 동기가 아니다. 그래서 빌립보서 2장 3-5절에서 다음과 같이 강하게 훈계한다.

> 아무 일에든지 다툼이나 허영으로 하지 말고 오직 겸손한 마음으로 각각 자기보다 남을 낫게 여기고 각각 자기 일을 돌볼뿐더러 또한 각각 다른 사람들의

일을 돌보아 나의 기쁨을 충만하게 하라 너희 안에 이 마음을 품으라 곧 그리스도 예수의 마음이니

이것이 바로 사역을 하실 때의 예수님의 마음이다. 예수님은 이기적인 동기로 행하지 않으셨다. 예수님은 죄가 없으셨지만(자기 자신의 유익보다는 다른 사람의 유익을 더 중요하게 여기심으로) 우리의 죄와 질병과 죽음의 형벌을 대신 지셨다. 예수님의 삶과 사역의 목적은 섬김을 받는 것이 아니라 자신을 주는 것이었다. 자신을 부인하심으로, 예수님은 가장 큰 선물인 영생을 주셨다.

우리가 광야에 있을 때, 하나님은 우리의 인격을 성숙하게 하신다. 광야는 성령의 열매가 재배되는 곳이다. 우리는 하나님을 알고자 하는 간절한 열망으로 물을 받아 마시고, 예수님께서 걸어가신 것을 추구해야 한다. 바울 사도의 목적은 거대한 사역을 행하는 것이 아니라, 예수님을 친밀하게 알고, 무엇보다도 예수님을 기쁘게 해드리는 것이었다.

광야는 메마른 곳이다. 광야는 영적으로, 재정적으로, 인간 관계에서, 혹은 육체적으로도 메마를 수 있다. 하나님께서 풍성한 것들로 배부르게 주시는 것이 아니라, '일용할 양식'만 주시는 곳이 바로 이 광야다. 하나님은 우리가 원하는 것이 아닌 우리의 필요를 채워 주신다. 광야의 목적은 우리를 새롭게 하심에 있다. 우리가 추구할 것은 하나님의 공급이 아니라 하나님의 마음이어야 한다. 그런 다음에 우리에게 풍성한 때가 오면, 하나님의 언약을 세우기 위해 풍성함으로 축복해 주신 분이 바로 여호와, 우리 하나님이신 것을 결코 잊어서는 안 된다(신 8:2-18).

• Part •
2

시험의 때

그들 중에 섞여 사는 다른 인종들이 탐욕을 품으매 이스라엘 자손도 다시 울며 가로되 누가 우리에게 고기를 주어 먹게 하랴 우리가 애굽에 있을 때에는 값없이 생선과 오이와 참외와 부추와 파와 마늘들을 먹은 것이 생각나거늘 이제는 우리의 기력이 다하여 이 만나 외에는 보이는 것이 아무 것도 없도다 하니(민 11:4-6)

Victory in the Wilderness

Growing Strong in Dry Times

제3장

시험의 때

> 하나님은 다시 한 번
> 하나님의 백성이 그분의 얼굴을 구하는지
> 그분의 손을 구하는지 지켜보고 계신다.

> 네 하나님 여호와께서 이 사십 년 동안에 너로 광야의 길을 걷게 하신 것을 기억하라 이는 너를 낮추시며 너를 시험하사 네 마음이 어떠한지 그 명령을 지키는지 지키지 않는지 알려 하심이라(신 8:2)

이 장면을 상상해 보라. 당신은 이스라엘의 백성이며, 최근에 노예 생활에서 해방되었다. 당신은 지금 무섭게 소용돌이치는 물의 두 장벽 사이로 무사히 바다를 건너 온 무섭고도 신바람 나는 경험을 했다. 당신을 보호해 주었던 그 물의 장벽이 당신의 원수들을 삼켜 버리는 것을 지켜보았다. 승리하신 하나님의 구원 역사를 보며 흥에 겨워 기뻐하며 춤을 추었다. 하나님이 당신 편인 것을 알기 때문에 감히 아무도 당신을 대적할 수 없을 것 같다. 당신은 위대하고 신실하신 그분을 절대로 의심하지 않을 것이다.

그러나 지금은 다른 장면이다. 사흘 정도가 지났다. 당신은 피곤하고, 목이 마르고, 날씨는 무덥다. '약속의 땅'에 가까이 가기는 고사하고 독사와 전갈이 우글거리는 사막에서 목적도 없이 방황하고 있다. 지금은 말과 병거들이 물속에 빠진 것 때문에 춤추며 하나님을 찬양하지 않고, 오히려 지도자에게 "왜 우리를 애굽에서 인도해 냈느냐? 우리와 우리의 자손들과 짐승들을 다 목말라 죽게 하려고 인도해 냈느냐?"라고 불평하고 있다.

이제, 당신 자신을 한번 보라. 당신은 하나님께서 당신을 혼돈과 적막의 사막을 정처 없이 방황하도록 내버려 두시려고 당신을 원수의 군대에서, 큰 위험에서 구원하셨다고 믿는가? 이것이 당신을 구원하신 하나님의 목적인가?

마치 하나님께서 이스라엘 백성을 애굽에서 광야로 인도하신 것처럼 하나님은 당신을 인도하신다. 마귀가 한 일이 아니라 하나님이 하신 것이다. 광야에는 목적이 있다.

첫째로 하나님은 우리를 겸손하게 하려고 시험하신다. 하나님은 우리로 하여금 우리 마음의 참 본성이 어떤지를 알 수 있도록 이렇게 행하시는 것이다.

하나님은 어떻게 우리를 겸손하게 하시는가?

"너를 낮추시며 너로 주리게 하시며 … 만나를 네게 먹이신 것은 …"(신 8:3).

하나님은 이스라엘 백성을 주리게 하심으로 겸손하게 하셨다. 그러나 다음 구절에서 하나님은 이스라엘 백성을 만나로 먹이셨다고 선언하신다. 하나님은 만나를 먹이시면서 어떻게 주리게 하셨는가?

만나는 가장 좋은 음식이다. 만나는 천사들이 먹는 것이다. 엘리야는 단 두 조각의 만나를 먹고 40일의 여정을 걸어 갈 힘을 얻었다. 그런데 이스라엘 백성은 만나를 풍성하게 먹었다. 그들은 매일 아침 하늘로부터 신선한 공급을 받았다. 그들은 하나님께서 처음 만나를 내리신 날부터 약속의 땅에 들어가 해변가에 진을 칠 때까지 한 번도 끼니를 거른 적이 없다.

그러면 왜 하나님은 "내가 너희로 주리게 하였다"라고 말씀하셨는가? 하나님은 어떤 굶주림에 대해 말씀하시는가? 이것을 이해하기 위해서는 그들의 처지를 생각해야 한다. 당신이 매일 아침 먹는 것은 빵 한 조각뿐이고, 저녁마다 먹는 것도 빵 한 조각뿐이라고 가정해 보자. 버터도 없이, 땅콩 버터도 없이, 젤리도 없이, 콜드컷(샌드위치 안에 넣는 고기)도, 참치도 없이 빵만 먹는다고 말이다.

그런데 며칠이나 몇 주가 무려 40년 동안 이런 음식만 먹었다는 것이다.

내가 청년부 목사로 있을 때, 트리니다드로 56명의 청년들을 데리고 8일 동안 선교 여행을 간 적이 있다. 트리니다드의 교회가 음식을 준비해 주었다. 고맙기는 했지만, 우리는 매일 닭고기만 먹었다. 그들은 닭고기를 매일 다르게 요리했고, 쌀밥과 채소와 함께 상을 차렸지만 여전히 닭고기뿐이었다.

8일 동안 닭고기만 먹은 우리는 다른 음식에 굶주려 있었다. 집으로 돌아오자마자, 무리 중 한 청년이 어머니에게 저녁 식사 메뉴가 무엇인지 물었고, 그의 어머니는 "닭고기"라고 대답했다. 청년은 어머니에게 제발 햄버거 가게에 데려가 달라고 애원했다.

우리는 겨우 8일 후에 이렇게 구슬픈 소리를 하는데, 하물며 40년을 상상할 수가 있겠는가? 4년이 아니라 40년을!

이제 우리는 하나님께서 어떻게 이스라엘 백성으로 하여금 주리게 하셨는지를 알 수 있다. 하나님은 이스라엘 백성이 육신적으로 원하는 것들을 주시지 않으셨다. 하나님은 이스라엘 백성에게 필요한 것들을 주셨다.

하나님은 이스라엘 백성에게 음식 외에 또 무엇을 갈망하게 하셨는가? 우리는 그들의 옷과 신발이 닳지 않았다는 사실을 눈여겨 보아야 한다. 당신은 같은 옷을 40년 동안 입어야 한다면 어떻게 하겠는가? 당신은 40년이나 묵은 그들의 옷이 얼마나 시대에 뒤떨어졌을 지 생각해 보라. 새 옷도 없고, 시장도 없고, 백화점도 없고…. 같은 신발과 같은 장식, 40년 동안 새로운 것이 아무것도 없었다.

뜨거운 태양의 열기와 추위로부터 보호받는 것처럼 그들에게 필요한 것은 모두 있었다. 그러나 그들이 원하는 것은 없었다.

또 어떠한 것들에 굶주려 있었는가? 그들은 40년 동안 매일 같은 경치만 보았다. 보이는 것은 선인장과 큰 고랭이 나무들과 마르고 갈라진 땅뿐이었다. 시냇가도 없고, 숲도 없고, 아름다운 호수도 없는 사막뿐이다.

이러한 견문을 가지고, 다음 구절을 다시 음미해 보자.

> 너를 낮추시며 너로 주리게 하시며 또 너도 알지 못하며 네 조상들도 알지 못하던 만나를 네게 먹이신 것은 사람이 떡으로만 사는 것이 아니요 여호와의 입에서 **나오는** 모든 말씀으로 사는 줄을 네가 알게 하려 하심이니라 (신 8:3)

하나님은 무엇을 하셨는가? 하나님은 그들에게 꼭 필요한 것들만 주시고 육적인 욕망이나 원하는 것들을 제거하심으로 그들 속에 갈망하는 마음을 창조하셨다.

하나님은 그들을 시험하고자 이러한 갈망을 갖게 하셨다. 그 시험이 무엇인가? 애굽에 남겨 놓고 온 것 대신에 하나님을 갈망하는지, 아니면 그들의 육체가 열망하는 것을 찾는지, 그들이 의에 주리고 목말라하는지, 아니면 평안과 쾌락에 대해 주리고 목말라하는지를 보기 원하셨던 것이다. 이것이 그들의 응답이다.

> 그들 중에 섞여 사는 다른 인종들이 탐욕을 품으매 이스라엘 자손도 다시 울며 이르되 누가 우리에게 고기를 주어 먹게 하랴 우리가 애굽에 있을 때에는 값없이 생선과 오이와 참외와 부추와 파와 마늘들을 먹은 것이 생각나거늘 이제는 우리의 기력이 다하여 이 만나 외에는 보이는 것이 아무 것도 없도다 하니(민 11:4-6)

그들은 애굽(세상 제도의 상징)에 남겨 놓고 온 것을 기억했다. 비록 노예생활을 했지만, 지금은 애굽에서의 환경이 하나님께서 그들을 인도해 오신 광야보다 더 좋게 보인다.

그들은 고기를 달라고 부르짖으며, 불평과 원망을 하기 시작했다. 하나님께서 그들의 부르짖음을 들으셨다.

> 그러므로 여호와께서 그들이 요구한 것을 그들에게 주셨을지라도 그들의 영혼은 쇠약하게 하셨도다(시 106:15)

> 그들이 먹고 심히 배불렀나니 하나님이 그들의 원대로 그들에게 주셨도다 그러나 그들이 그들의 욕심을 버리지 아니하여 그들의 먹을 것이 아직 그들의 입에 있을 때에(시 78:29-30)

그들은 원하는 것을 가졌지만, 엄청난 대가를 치렀다. 하나님은 고기와 함께 '영혼의 쇠약함'도 주셨다. '영혼의 쇠약함' 때문에 하나님의 시험을 감당할 수 없었다. 즉 시험에 합격할 수 없었고, 결국 그들은 하나님의 약속의 땅에 들어가지 못했다.

그들의 죄는 고기를 요구한 것이 아니라, 그 요구의 의미다. 그들이 하나님과 하나님께서 인도하시는 방법에 대하여 불만족하고 노예생활을 즐겁게만 기억하면서 과거의 것을 강하게 열망하고 있음을 폭로한 것이다.

현재 하나님은 그분의 교회를 광야로 인도하셨다. 영적으로 미국은 메마르고 목마른 땅이다. 시험의 때는 가까이 와 있다. 하나님은 다시 한 번 하나님의 백성이 그분의 얼굴을 구하는지, 그분의 손을 구하는지 지켜보고 계신다.

그분의 얼굴은 하나님의 인격과 본성을 상징하며 관계성을 의미한다. 그분의 손은 하나님의 공급과 능력을 상징한다. 만약 당신이 하나님의 손만 찾는다면, 하나님의 얼굴을 인식하지 못할 것이다. 그러나 당신이 하나님의 얼굴을 구한다면, 하나님의 손도 찾을 것이다.

바리새인들은 예수님에게서 하나님의 얼굴을 인식하지 못했다. 그들은 단지 로마의 압제에서 해방시켜 줄 하나님의 손만 바라고 있었다. 우리는 그들처럼 되지 말아야 한다.

우리가 비록 광야에 있을지라도, 우리의 마음이 하나님께만 향하고, 하나님을 사랑하고 순종하고 찾는다면, 하나님은 선견자들을 일으켜 세우실 것이다. 여호수아와 같이, 그들은 일어나서 열국의 추수 때에 함께 동역하여 '약속의 땅'을 차지할 것이다.

하나님은 지금 '여호수아 세대'를 세우고 계시지만, 여호수아의 때와 같이, 하나님 군대의 훈련소는 역시 광야다. 광야의 시간은 원망하는 자들과 불평하는 자들, 반역하는 자들을 알곡과 쭉정이를 가려내듯 가려낼 것이다.

'약속자' 하나님을 찾는 것이 아니라, 약속의 특혜만 찾는 사람들은 메마른 광야에서 질식할 것이다. 하나님께서 당신에게 무엇을 주실 수 있는지 혹은 당신을 위해 하실 수 있는 것을 바라며 하나님을 찾는 것과 하나님의 인격을 바라보며 하나님을 찾는 것은 전혀 다르다.

첫 번째 것은 당신의 유익을 위한 것이고 그 동기는 이기적이다. 이러한 동기는 잘해야 미숙한 관계성만 세울 뿐이다. 그러나 하나님의 인격과 본성을 바라보며 하나님을 찾는다면 굳건하고 건전한 관계성을 세우게 된다.

하나님을 추구하는 동기

이튿날 바다 건너편에 서 있던 무리가 배 한 척 외에 다른 배가 거기 없는 것과 또 어제 예수께서 제자들과 함께 그 배에 오르지 아니하시고 제자들만 가는 것을 보았더니 (그러나 디베랴에서 배들이 주께서 축사하신 후 여럿이 떡 먹던 그 곳에 가까이 왔더라) 무리가 거기에 예수도 안 계시고 제자들도 없음을 보고 곧 배들을 타고 예수를 찾으러 가버나움으로 가서 바다 건너편에서 만나 랍비여 언제 여기 오셨나이까 하니 예수께서 대답하여 이르시되 내가 진실로 진실로 너희에게 이르노니 너희가 나를 찾는 것은 표적을 본 까닭이 아니요 떡을 먹고 배부른 까닭이로다(요 6:22-26)

무리가 예수님을 찾으러 왔다. 마침내 예수님을 찾았을 때, 그들을 보시며 예수님은 이렇게 말씀하셨다.

"표적을 본 까닭이 아니요, 떡을 먹고 배부른 까닭이다."

그러면 표적의 역할은 무엇인가? 표적은 방향이나 정보를 제공한다. 표적의 목적은 절대로 그것 자체를 가리키는 것이 아니다. 단지 방향을 알려주거나 정보를 줄 뿐이다. 예수님은 그들이 자신을 찾는 것은 예수님께서 행하시는 표적과 기사를 보고 예수님이 바로 구세주이심을 알았기 때문이 아니라, (오병이어의 기적을 통해 배부른 적이 있기 때문에) 단지 육신의 배를 채우기 위한 것임을 아셨다.

오늘날에도, 종종 우리는 잘못된 이유로 예수님을 찾는다. 우리는 단지 예수님을 사랑하기 때문에 예수님을 찾기보다는 그분이 베푸시는 혜택이나 복을 바라고 찾는다. 우리는 알게 모르게 예수님을 이용한다. 예수님을 우리 필요의 공급 자원으로 생각한다.

당신에게 필요하거나 원하는 것이 있을 때만, 당신을 찾는 사람을 만난 적이 있는가? 아니면 (나중에 알고 보니) 당신이 갖고 있는 것을 얻기 위해 당신과 친구 관계를 맺으려는 사람을 만난 적이 있는가? 그것은 당신의 영향력일 수도 있고, 돈일 수도 있고, 재산일 수도 있고,

아니면 당신의 직위일 수도 있다. 당신을 향한 진정한 관심이나 사랑은 없지만, 잠시 동안 당신은 그들의 목적을 위해 봉사한 것이다. 만약 당신이 이런 경험을 했다면, 이용당하는 심정을 잘 이해할 것이다.

이러한 이기주의적인 태도가 사회는 물론 교회에까지 들어와 있다. 이런 마음가짐이 지금까지 유래 없는 높은 이혼율의 이유다. 교회에서도 이기주의적인 이유로 결혼을 한다. 그들은 결혼이 계약이 아니라 사랑의 서약인 것을 알지 못한다. 그들은 자기에게 무엇인가를 해줄 수 있다는 이유 때문에 결혼한다. 그리고 기대했던 것에 상대편이 미치지 못하면, 하나님 앞에서의 서약이 계약보다 훨씬 더 강하고 중하다는 사실을 무시하고 다른 사람을 찾는다.

교회 안의 많은 사람들이 불만으로 가득하고, 사랑은 식어져 있다. 어떤 사람들은 교회를 등지고, 어떤 사람들은 믿음에서 떠나기도 한다. 그들은 예수님의 인격 때문에 사랑으로 주님을 섬기는 것이 아니라, 예수님께서 그들을 위해 무엇을 해줄 수 있다는 이유로 주님을 섬긴다. 하나님께서 그들이 원하는 것을 채워 주시면, 기뻐하고 즐거워한다. 그러나 광야에 들어가면, 마음의 동기가 나타나게 된다. 언제나 자신이 중심일 때, 불평이 시작된다.

이것을 이스라엘 백성에게서 볼 수 있다. 하나님께서 바로의 손에서 그들을 구원했을 때 백성은 기뻐했다.

> 아론의 누이 선지자 미리암이 손에 소고를 잡으매 모든 여인도 그를 따라 나오며 소고를 잡고 춤추니 미리암이 그들에게 화답하여 이르되 너희는 여호와를 찬송하라 그는 높고 영화로우심이요 말과 그 탄 자를 바다에 던지셨음이로다

하였더라(출 15:20-21)

그들은 하나님의 위대하심과 초자연적인 능력에 완전히 압도되었다. 그들의 마음은 하나님의 구원 때문에 흥분으로 가득 차 있었다. 그러나 사흘 후에, 수르 광야에서 쓴 물을 만났고 그들의 불평은 시작되었다.

그리고 백성은 모세에게 "우리가 무엇을 마실까?"라고 불평했다(출 15:24). 홍해를 갈랐던 하나님께서 쓴 물을 단물로 만들 수 없었을까? 지금의 모세는 사흘 전에 영웅이었던 그 지도자가 아닌가? 하나님은 진정 쓴 물을 단물로 바꾸셨다. 그런데 며칠이 지난 후, 그들은 음식 때문에 다시 불평했다. 그들은 "하나님께서 우리를 구원하기 이전이 더 좋았다"라고 원망까지 했다.

> 이스라엘 자손 온 회중이 그 광야에서 모세와 아론을 원망하여 이스라엘 자손이 그들에게 이르되 우리가 애굽 땅에서 고기 가마 곁에 앉아 있던 때와 떡을 배불리 먹던 때에 여호와의 손에 죽었더라면 좋았을 것을 너희가 이 광야로 우리를 인도해 내어 이 온 회중이 주려 죽게 하는도다(출 16:2-3)

지금 이들은 모세와 아론에게 불평하고 있다. 그러나 출애굽기 16장 8절에서 모세는 진리를 말한다.

> 너희의 원망은 우리를 향하여 함이 아니요 여호와를 향하여 함이로다

광야에 있을 때, 불평이 시작될 때, 보통 그 불평은 지도자를 향하거나, 가족을 향하거나, 친구들을 향한다. 우리 대부분은(두려움 때문에) 감히 하나님께 직접 불평하지는 않는다. 왜 그들은 모세와 아론에게 (결국 하나님을 향하여) 불평했는가? 그들은 하나님께서 그들을 실망시켰다고 생각했던 것이다.

하나님은 지금 미국 교회의 마음을 저울질하고 계신다. 지금 우리가 하나님을 찾음으로, 우리 마음이 하나님의 저울질에 부족하지 않기를 바란다.

Growing Strong in Dry Times

제4장

우리의 본보기

우리는 무거운 부담감을 안고 기도하기 힘들 때가 있고
다 지키지 못한 서원과
약속의 무거운 중압감에 몸부림친다.

———

형제들아 나는 너희가 알지 못하기를 원하지 아니하노니 우리 조상들이 다 구름 아래에 있고 바다 가운데로 지나며 모세에게 속하여 다 구름과 바다에서 세례를 받고 다 같은 신령한 식물을 먹으며 다 같은 신령한 음료를 마셨으니 이는 그들을 따르는 신령한 반석으로부터 마셨으매 그 반석은 곧 그리스도시라 (고전 10:1-4)

바울은 그들의 조상 모두가 이방인이 아니라, 언약의 자손이며 아브라함의 후손이었다는 것을 강조한다. 그들은 모두 하나님의 보호 아래 행진했고, 우리의 구세주인 그리스도를 예표하는 모세에게 세례를 받았다. 그리고 모두 그리스도의 신령한 음식과 물을 마셨다. 그렇다면 우리는 지금 신약시대의 그리스도인들을 예표하는 백성의 한 나라를 보고 있는 것이 확실하다.

바울은 마치 "우리는 여기서 어느 이교도인들에 대하여 말하고 있는 것이 아닙니다"라고 말하듯, '다(all)'를 다섯 번이나 사용해 강조했다.

> 그러나 그들의 다수를 하나님이 기뻐하지 아니하셨으므로 그들이 광야에서 멸망을 받았느니라 이러한 일은 우리의 본보기가 되어…(고전 10:5-6)

어떻게 그들 다수가 하나님을 기쁘시게 하지 못했을까? 다섯 가지 중요한 이유가 있다.

1. 그들은 악한 것들을 갈망했다.
2. 그들은 우상을 좇았다.
3. 그들은 성적으로 부도덕했다.
4. 그들은 하나님을 시험했다.
5. 그들은 하나님께 불평했다.

바울은 계속해서 말한다.

> 그들에게 일어난 이런 일은 본보기가 되고 또한 말세를 만난 우리를 깨우치기 위하여 기록되었느니라(고전 10:11)

만약에 이것이 우리에게 경계의 목적으로 기록되었다면, 우리는 절대적으로 이것을 이해해야 한다. 이 다섯 가지 죄는 더 뿌리 깊은 문제들의 겉모습(혹은 나쁜 열매)에 불과하다.

히브리서의 저자는 이 문제를 서술하고 다섯 가지 불순종의 행위를 설명한다.

> 그러므로 내가 이 세대에게 노하여 이르기를 그들이 항상 마음이 미혹되어 내 길을 알지 못하는도다 하였고(히 3:10)

마음이 잘못되었기 때문에 악행을 저지른 것이다. 만약 당신의 마음이 바르다면, 당신의 행위는 분명히 바를 것이다. 마음이 바르지 않으면, 당신은 하나님의 소명에 미치지 못할 것이다. 하나님을 알기 위해서는 당신의 초점이 하나님께서 부르신 소명의 푯대에 집중되어야 한다. 초점이 잘못되면 잘못된 푯대를 맞출 것이다.

바울은 빌립보서 3장 13-14절에서 이렇게 말한다.

> 형제들아 나는 아직 내가 잡은 줄로 여기지 아니하고 오직 한 일 즉 뒤에 있는 것은 잊어버리고 앞에 있는 것을 잡으려고 푯대를 향하여 그리스도 예수 안에서 하나님이 위에서 부르신 부름의 상을 위하여 달려가노라

우리가 이 세상을 사는 동안 하나님의 부르심을 이루기 위해서는 우리가 아직도 그 소명을 다 이루지 못했다는 사실과 우리는 완전하지 못하며 계속해서 추구하고, 변화하고, 성장해야 한다는 사실을 인정해야 한다.

많은 사람이 '푯대를 향해 달려가기'보다는 평안한 지역이나 평탄한 지역에서 '현상유지'를 하려고 한다. 그들은 다른 사람들과 비교를

하거나 자기가 적당하다고 느끼는 것에 따라 개인적인 기준을 정한다. 이 시점에서 하나님의 인격을 따라 하나님 찾기를 중단하고 하나님께서 베풀어 주실 유익만 추구하기 시작한다. 그들의 초점은 빗나가고, 그들의 마음은 유혹을 받기 시작한다. 그들은 교회 안에서 자기의 신분이나 직위를 구축하려고 하거나, 자기의 평안과 명성을 추구할 것이다. 그들은 하나님이 아닌 자신에게 초점을 맞출 것이다.

이스라엘 자손들이 찾는 것은 하나님이 아니었다. 그렇기 때문에 그들은 하나님의 길을 알 수 없었다. 그들은 하나님의 위대하신 업적에 대해 흥분했다. 누가 흥분하지 않겠는가? 기적이 일어나면 유익을 얻었기 때문에, 하나님께서 놀라우신 기적을 행하실 때마다 기뻐했다. 그러나 초점은 그들 자신이었다. 그들은 하나님의 초자연적인 능력이 나타나지 않을 때마다, 옆길로 빗나가곤 했다. 모세가 산에 올라가 있을 때마다, 그들은 하나님을 잊었다. 그들은 구원의 유익으로 만족했다. 그들은 하나님을 더 알기를 갈망하지 않았다. 그들은 하나님과 친밀한 관계를 맺고 하나님을 알고자 힘쓰지 않았다.

어느 날 광야에서 하나님이 모세에게 말씀하신 것과 같이 이스라엘 백성에게도 말씀하기 위해 시내 산에 강림할 것이니 백성에게 자신을 성결케 하라고 말씀하셨다. 드디어 그날이 왔고, 하나님께서 우레와 번개 속에서 그분의 임재를 나타내셨을 때, 이스라엘 백성은 무서워 달아났다.

> 뭇 백성이 우레와 번개와 나팔 소리와 산의 연기를 본지라 그들이 볼 때에 떨며 멀리 서서 모세에게 이르되 당신이 우리에게 말씀하소서 우리가 들으

리이다 하나님이 우리에게 말씀하시지 말게 하소서 우리가 죽을까 하나이다
(출 20:18-19)

그들은 모세에게 간청했다.

"당신이 우리를 위해서 하나님께 나아가 말씀하시고, 하나님께서 말씀하시는 것을 우리에게 말씀하시면 우리가 행하겠습니다"(의역).

그들은 또 하나님과의 관계 없이 단지 무언가를 얻기만을 위해 그들의 욕망을 표현하고 있다. 그들은 좋은 의도를 갖고 있었다. 그들은 하나님의 말씀대로 행하겠다고 했지만, 하나님과의 관계 없이는 아무것도 할 수 없다.

알지도 못하고 겪어 보지도 못한 사람에게 어떻게 충성을 다할 수가 있겠는가? 그들은 관계 대신에 어떤 공식을 원했다. 그래서 하나님은 그들에게 십계명을 주셨다. 그렇지만 여러 세대가 지나면서, 그들은 이 계명들을 지킬 수 없다는 것을 스스로 입증했다. 어떤 방법으로든 그들의 돌 같은 마음을 하나님의 법으로 바꿔 놓지 않으면, 돌에 새겨진 이 계명을 지킬 수 없음을 하나님은 알고 계셨다.

그렇다면, 오늘날 우리 교회는 어떠한가? 우리 중에 하나님의 법을 지키려는 의도를 가지고 노력하고 있는가? 우리는 기도할 때 부담감에 눌려 목소리조차 내기 힘든 상태가 되었고, 아직도 지키지 못한 서약과 약속의 중압감에 허덕이고 있다. 우리는 목회자나 배우자, 친구들에게 가서, 그들이 우리를 대신해 하나님을 찾고 하나님께서 말씀하시는 것을 우리에게 말해 주기를 바란다. 이스라엘 백성들과 같이, 우리는 생명을 주시는 주님과의 관계를 유지하지 않고, 하나님의 계명

들을 지키려고 노력한다. 우리의 마음이 잘못된 것이다. 예수님은 요한복음 14장 21절에서 다음과 같이 말씀하셨다.

> 나의 계명을 지키는 자라야 나를 사랑하는 자니 나를 사랑하는 자는 내 아버지께 사랑을 받을 것이요 나도 그를 사랑하여 그에게 나를 나타내리라

나는 이 말씀을 읽을 때마다, 주님께서 "존, 만약 네가 나의 계명을 지키면, 네가 나를 사랑한다는 것이 증명되는 것이다"라고 말씀하시는 것만 같다. 어느 날 주님은 나에게 이 말씀을 다시 읽으라고 말씀하셨다. 그래서 나는 다시 읽었다.

주님은 다시 말씀하셨다.

"내가 말하는 것을 깨닫지 못했구나. 다시 읽어 보아라."

이렇게 하기를 열 번이나 계속했다. 마침내, 나는 고백했다.

"주님, 저의 무지를 용서해 주옵소서. 주님께서 무엇을 말씀하시는지 보여 주옵소서!".

주님은 말씀하셨다.

"존, 나는 네가 나의 계명들을 지키면 네가 나를 사랑한다는 것을 증명하는 것이라고 말하지 않았다. 나는 이미 네가 나를 사랑하는지, 사랑하지 않는지 알고 있단다. 어떤 사람이 나의 사랑에 완전히 빠져 있다면, 그 사람은 나의 계명을 지킬 수 있다는 뜻이다."

이것은 주님과의 관계이지 법을 말하는 것이 아니다. 나는 그 말씀을 법으로 보았지만 주님께서 보여 주신 것은 관계의 중요성이었다. 하나님은 법과 규례를 통해 알 수 없다. 하나님을 어떤 방법으로 찾을

수는 없다. 거룩하시고 위대하신 분이 하나님에 관한 공식으로 한정될 수는 없다.

그러나 이것은 많은 사람들이 주님에 관해 갖고 있는 관념이다. 하나님과의 관계 대신에 사람들은 치유의 일곱 단계, 구원의 4차원 계획, 번영에 관한 다섯 가지 성경 말씀, 성령의 세례 등으로 대치했다. 어쨌든 그들은 하나님이 그들의 약속 상자 속에 갇혀 있고, 자기들이 필요하다고 느낄 때마다 언제든지 그 약속을 꺼내어 주장할 수 있다고 생각한다. 그들은 왜 죄로 어려움을 당하고 있는지를 의아해 할 것이다. 주님의 계명을 지키는 것이 왜 그렇게도 힘이 드는가? 그것은 그들의 마음이 잘못되었기 때문이다.

이것을 확실히 하기 위해 예를 들어 보겠다. 당신은 사랑에 빠진 적이 있는가? 내가 아내(리사)와 약혼했을 때, 나는 그녀와 완전히 사랑에 빠져 있었다. 항상 그녀를 생각했다. 나는 그녀와 더 많은 시간을 보내기 위해 어떤 일이든 했다. 만약 그녀에게 필요한 것이 있다면 나는 바쁜 일을 하고 있을 때라도, 바로 차로 뛰어가서 그녀를 위해 그것을 가져다주었다. 나는 사람들에게 그녀에 대해 억지로 이야기할 필요가 없었다. 내 이야기를 들어주는 사람들에게 그녀를 칭찬하고 자랑했다.

내가 그녀를 열렬히 사랑했기 때문에, 그녀가 바라는 것은 무엇이든지 기쁨으로 할 수 있었다. 내가 그녀를 사랑한다는 것을 증명하기 위해 그렇게 하지 않았다. 단지 그녀를 사랑하기 때문에 그렇게 한 것이다. 결혼하고 불과 2, 3년 후에, 나는 목회와 다른 것들에 관심을 쏟았다. 그 후 그녀를 위해 무엇을 하는 것이 귀찮아졌다. 자연스럽게, 리사는 예전처럼 내 생각 속에 있지 않았다. 성탄절, 결혼기념일, 생일에 그녀에게 주는 선물도 마음에도 없이 억지로 하게 되었고, 이것조차도 여간 성가신 일이 아니었다. 우리의 결혼생활에는 큰 문제가 생겼다. 우리의 첫사랑은 죽어가고 있었다. 초기의 열렬했던 사랑이 더 이상 존재하지 않았기 때문에, 그녀를 위해 무엇을 한다는 것은 매우 힘이 들었다. 그 후 하나님께서는 내 마음을 돌이키고 내가 얼마나 이기적이 되었는지를 보게 하셨다. 은혜롭게도 하나님께서는 우리의 사랑에 다시 불을 붙여 주셨고, 우리의 결혼생활을 회복시켜 주셨다.

이런 관점에서 보면, 왜 예수님께서 다음과 같이 말씀하셨는지를 이해할 것이다.

> 그러나 너를 책망할 것이 있나니 너의 처음 사랑을 버렸느니라 그러므로 어디서 떨어졌는지를 생각하고 회개하여 처음 행위를 가지라 만일 그리하지 아니하고 회개하지 아니하면 내가 네게 가서 네 촛대를 그 자리에서 옮기리라(계 2:4-5)

반면에, 모세는 이스라엘 백성과는 달랐다. 모세는 멀리서 하나님을 예배하는 것에 만족하지 않았다. 모세는 하나님의 나타나심을 보고 힘써 가까이 나아갔다.

출애굽기 20장 21절은 이렇게 기록한다.

"백성은 멀리 서 있고 모세는 하나님이 계신 흑암으로 가까이 가니라."

실제로 구약의 가장 놀라운 표적과 기사들의 한 부분이었던 모세는 300만 명의 회중을 인도하던 영향력과 위력을 가졌지만, 이 모든 것으로 결코 만족할 수 없다는 것을 알았다. 모세가 엄청난 표적과 기사들을 체험한 후 드린 기도를 자세히 살펴보기 바란다.

> 내가 참으로 주의 목전에 은혜를 입었사오면 원하건대 주의 길을 내게 보이사 내게 주를 알리시고 나로 주의 목전에 은총을 입게 하시며 이 족속을 주의 백성으로 여기소서 … 모세가 여호와께 아뢰되 주께서 친히 가지 아니하시려거든 우리를 이 곳에서 올려 보내지 마옵소서 … 모세가 이르되 원하건대 주의 영광을 내게 보이소서(출 33:13-18)

우리는 모세의 심령의 외침을 듣는 것 같다.

"주님, 제가 당신의 영광을 보고, 당신을 알기까지는 만족할 수가 없습니다."

하나님을 알기 위해서는 하나님의 길을 알아야 한다. 하나님은 하나님의 능력이 아니라 그분의 마음을 찾는 자들에게 그분의 길을 보여 주신다. 하나님의 마음을 아는 자들은 하나님의 능력 안에서 행할 것이다.

"오직 자기의 하나님을 아는 백성은 강하여 용맹을 떨치리라"(단 11:32).

내가 처음 목회를 시작했을 때, 거의 매일 아침 한두 시간씩 기도했다. 나의 기도는 이런 식이었다.

"하나님, 저를 사용하셔서 영혼들을 구원하시고, 저를 사용하셔서 병든 자들을 고치시고, 저를 사용하셔서 귀신을 쫓아내소서."

나는 똑같은 내용을 다른 말로 계속해서 기도했다. 나는 더 큰 사역을 위해 하나님께 부르짖으면서 이것이 이기심이라고는 생각하지 않았다.

그런데 어느 날 주님은 "아들아, 너의 기도는 모두 이기적이다"라고 말씀하셨다. 나는 그 말씀에 깜짝 놀랐다. "이것들을 하려는 너의 동기가 무엇이냐? 내가 듣는 것은 모두 '나를 사용하셔서…' 인데 네가 바로 기도의 중심이구나"라고 말씀하셨다. 계속해서 말씀하시기를 "내가 너를 창조한 것은 너로 하여금 귀신을 쫓아내거나 병든 자들을 치료하는 것이 아니었다. 내가 너를 창조한 목적은 교제를 위해서였다"라고 하셨다.

그때 주님은 평생 잊을 수 없는 것을 보여 주셨다.

가룟 유다도 귀신을 쫓아냈고, 병든 자들을 고쳤다! 그렇다. 예수님이 열두 제자를 보내실 때, 그들 모두를 보내셨다. 나중에 예수님을 배신한 가룟 유다도 포함되어 있었다. 나의 초점은 잘못되어 있었다. 하나님께서 우리를 부르신 목적은 예수 그리스도를 아는 것이다(빌 3:10).

2, 3년이 지난 후에, 아내가 어떤 집회를 준비하면서 내가 한 것과 같은 기도를 하고 있었다. 그래서 주님은 아내에게 말씀하셨다.

"리사, 나는 사람들에게 기름을 부어 주고, 그들을 치료해 주고, 나의 형상으로 변화시키지만, 사람들을 이용하지는 않는단다."

계속해서 주님은 이런 질문을 하셨다.

"리사, 너는 친구에게 이용당한 적이 있느냐?"

"예"라고 리사가 대답했다.

주님은 "네 마음이 어떠했느냐?"라고 물으셨다.

리사가 대답했다.

"배신감을 느꼈습니다!"

주님은 계속 말씀하셨다.

"많은 사역자가 내게 단지 자기들을 사용해 달라고 부르짖어 왔다. '치료를 위해 나를 사용하소서, 영혼 구원을 위해 나를 사용하소서.' 나는 그들의 마음을 바라며 그렇게 해주었다. 그러나 그들은 나에게 마음을 주기보다 사역으로 너무 분주했다. 그들은 결코 나의 길을 배우려고 노력하지 않았고, 그들의 왕국을 세웠다. 그러다가 문제가 생기면 나에게 부르짖었다. 하지만 그들은 나를 이해하지 못했기 때문에 내가 그들의 기도에 응답하지 않았을 때, 기분 나빠했다. 그들은 이용당했다고 느꼈고 나에게 화를 냈다. 그들은 나를 알지 못했기 때문에 떨어져 나갔다."

어떤 여인이 자기의 남편을 친밀하게 아는 것에는 별로 관심이 없으면서, 남편에게서 자식들만 낳는 것이 유일한 소망이라면 당신은 그 여인을 어떻게 생각하겠는가? 그 여인은 자식을 원할 때만, 남편에게 다가갈 것이다.

그것은 우리가 주님과 친밀한 교제도 하지 않으면서, '사람들의 영혼을 구원하기 위해 우리를 사용해 주시기를' 하나님께 부르짖는 것과 별반 다를 것이 없다. 우리가 하나님과 친밀하게 교제할 때, 자녀들이 나오기 마련이다. 마치 남편과 아내의 관계처럼 말이다. 이것이 하나님께서 다니엘 11장 32절에서 말씀하신 이유다.

"… 오직 자기의 하나님을 아는 백성은 강하여 용맹을 떨치리라."

이러한 것들은 이스라엘 백성의 죄의 뿌리였다. 그들은 악한 것들을 탐하여 음욕을 품고, 우상을 숭배하고, 성적 부도덕을 행하고, 하나님을 시험하고 불평했다. 그들은 바른 것을 추구하지 않았다. 그들은 창조주보다 피조물을 섬겼다.

여호수아는 광야에서 바른 마음을 가진 좋은 본보기다. 모세가 시내 산에 올라갔을 때, 여호수아는 산 밑에 머물러 있었다. 그는 가능하면 하나님의 임재에 가까이 나아가기를 원했다. 모세가 회막 안에서 하나님을 만나고 있을 때에도 여호수아는 하나님의 임재 가까이 있기 위해 거기에 있었다. 모세가 하나님을 만나고 떠난 후에도, 여호수아는 여전히 그곳에 머물러 있었다.

"사람이 자기의 친구와 이야기함 같이 여호와께서는 모세와 대면하여 말씀하시며 모세는 진으로 돌아오나 눈의 아들 젊은 수종자 여호수아는 회막을 떠나지 아니하니라"(출 33:11).

이제, 바울 사도가 말한 것을 다시 자세히 살펴보자.

"그러나 그들의 다수를 하나님이 기뻐하지 아니하셨으므로 그들이 광야에서 멸망을 받았느니라"(고전 10:5).

왜 이스라엘 자손들이 멸망했는가? 그 이유는 그들의 초점이 하나님께 있지 않고 그들 자신에게 있었기 때문이다. 여호수아서(약속의 땅을 차지하도록 허락을 받은 차세대에 대한 이야기)를 읽어 보면, 광야에서 그들의 부모들을 괴롭혔던 다섯 가지 죄의 항목들이 2세대에서는 별로 나타나지 않았다는 것을 알게 될 것이다.

단 한 번 아간에게 그런 일이 있었지만, 지도자들과 백성이 즉시로 그 문제를 해결하기 위해 하나님을 찾았다. 차세대에게 일어난 이런 변화는 하나님의 약속이 성취되는 것을 보기 바로 전에, 한 세대가 광야에서 죽은 것을 보고 하나님께 초점을 맞췄기 때문이다.

광야는 우리 마음의 동기를 드러낸다. 그것은 헌신적인 것에서 이기심을 제거한다. 당신은 성령님께서 마음의 동기들을 분류하시고 감찰하셔서 당신이 앞으로 나아가지 못하게 방해하는 것들을 분리시켜 주시기를 간청해야 한다. 그리고 지혜로운 종이 되어야 한다. 하나님과 올바른 관계만 이루어진다면 모든 것이 따라올 것이다. 오직 하나님과의 관계에 도움이 되는 것을 추구하기 바란다.

• Part •
3

정화의 때

내가 또 나의 손을 네게 돌려 네 찌꺼기를 잿물로 씻듯이 녹여 청결하게 하며 네 혼잡물을 다 제하여 버리고 내가 네 재판관들을 처음과 같이, 너의 모사들을 본래와 같이 회복할 것이라 그리한 후에야 네가 의의 성읍이라, 신실한 고을이라 불리리라 하셨느니(사 1:25-26)

Victory in the Wilderness

Growing Strong in Dry Times

제5장
하나님의 대로

하나님은 외적인 거룩함을 보시지 않는다.
하나님은 마음의 내적 변화를 원하신다.

외치는 자의 소리여 이르되 너희는 광야에서 여호와의 길을 예비하라 사막에서 우리 하나님의 대로를 평탄하게 하라(사 40:3)

광야는 하나님의 대로의 장소다. 그 길이 준비되는 것이 바로 광야다. 그것은 높고 고상한 삶으로 통하는 길이요 통로다. 하나님께서 거하시고 생각하시는 길이다.

이는 내 생각이 너희의 생각과 다르며 내 길은 너희의 길과 다름이니라 여호와의 말씀이니라 이는 하늘이 땅보다 높음 같이 내 길은 너희의 길보다 높으며 내 생각은 너희 생각보다 높음이니라(사 55:8-9)

소수의 사람들만이 이 길을 걸어 갔다. 그러나 지금은 하나님께서 많은 사람이 그 길을 걷도록 준비하고 계신다. 이에 관한 말씀은 이사야 35장 6, 8절에서 찾아볼 수 있다.

> … 이는 광야에서 물이 솟겠고 사막에서 시내가 흐를 것임이라 … 거기에 대로가 있어 그 길을 거룩한 길이라 일컫는 바 되리니 …

하나님의 대로가 준비되는 곳이 광야다. 그 길은 거룩한 길이라 불린다.

거룩의 정의 중에 하나는 '순수한 상태'다. 예수님은 "마음이 청결한 자는 복이 있나니 그들이 하나님을 볼 것임이요"(마 5:8)라고 말씀하셨다. 거룩하고 청결한 마음이 고상한 삶을 사는 방법이다.

예수님은 거룩하지 않거나 불순한 교회를 위해서는 재림하지 않을 것이다. 예수님은 흠이 없는 교회를 위해 재림하실 것이다. 우리 중에 많은 사람이 법이나 규례를 지킴으로 거룩하게 되려고 노력했지만 비참하게 실패하고 말았다. 마치 유대인들이 율법을 지킴으로 구원을 얻으려고 노력했지만 얻지 못한 것과 마찬가지로 우리도 법과 규례를 지킴으로 거룩한 삶을 살 수는 없다.

많은 사람들이 실제로 만질 수 있고 볼 수 있는 것들을(화장 금지, 엄격한 의복 규정, 텔레비전 시청 금지 등) 율법적으로 규정하고 자신을 절제해 왔다. 이 모든 외부적인 억제는 내적 순수성을 얻기 위한 시도였다. 그러나 하나님은 외적인 거룩을 보지 않으신다. 청결한 행위는 청결한 마음에서 나오기 때문에, 하나님은 내적 변화를 원하신다. 예수님은 마태복음 23장 26절에서 "눈 먼 바리새인이여 너는 먼저 안을 깨끗이 하라 그리하면 겉도 깨끗하리라"고 말씀하셨다.

만약 당신의 마음이 청결하다면, 야하고 화려한 옷은 입고 싶지 않을 것이다. 어떤 여인은 발목까지 내려오는 우아한 드레스를 입고도 다른 사람을 유혹하는 자태를 취할 수도 있다. 어떤 여인은 단지 바지를 입고도 청결한 마음을 가질 수 있다.

자기는 한 번도 이혼한 적이 없다고 자랑하는 남자도 마음속으로 다른 여자에게 음욕을 품을 수 있다. 이것이 거룩인가?

만약 당신의 마음이 청결하다면, 집에 있는 텔레비전 때문에 불순한 프로그램을 보고 싶은 욕망을 갖지는 않을 것이다. 어떤 사람들은 성도의 집에 텔레비전이 있으면, 그들을 세상적이라고 매도한다. 그러나 집에 있는 가구나 전자제품이 당신이 세속적인지 아닌지를 결정하지 않는다. 당신 마음속에 있는 것이 그것을 결정한다. 집에 텔레비전이 없다고 해도 마음속으로 음욕을 품을 수 있다. 만약 당신의 마음이 청결하다면, 당신은 하나님께서 원하시는 것을 원하게 될 것이다.

광야는 당신의 동기와 의도를 깨끗하게 하시려고 하나님께서 사용하시는 용광로 중의 하나다. 주님은 지금 그분의 교회를 위해 재림하시기 전에 우리의 마음을 준비시키시고 있다.

제3부의 나머지 장들은 주님께서 재림하시기 전에 그분의 교회를 어떻게 깨끗하게 하실지를 다루고 있다. 말라기는 신약시대 전의 마지막 선지자이기 때문에 말라기서가 주요 본문이 될 것이다. 말라기는 주님이 성전에 처음 오실 초림 때의 준비와 결과에 대해 예언하는 사명을 받았다.

4백 년 후에 예수님의 초림은 광야에서 "주의 길을 예비하라"고 외치는 세례 요한으로부터 성취되기 시작했다.

　우리는 주님의 재림을 기다리는 시대에 살고 있다. 주님께서 초림과 재림을 위해 그분의 백성들을 준비시키는 방법은 유사하다. 두 경우 모두 광야에서 그분의 백성을 정화시키는 것으로 시작한다.

제6장

참 선지자들

참 예언의 기름 부음은 사람의 마음을 다룬다.

보라 여호와의 크고 두려운 날이 이르기 전에 내가 선지자 엘리야를 너희에게 보내리니 (말 4:5)

여호와의 큰 날은 주님의 초림이고, 주의 길을 예비하라고 하나님의 보내심을 받은 세례 요한이 바로 '선지자 엘리야'였다.

그의 사역은 '외치는 자의 소리'—너희는 광야에서 여호와의 길을 예비하라. 사막에서 우리 하나님의 대로를 평탄하게 하라—였다. 요한의 사역은 구약의 선지자들에 의해 예언되었다. 예수님도 아래와 같이 말씀하셨다.

그러면 너희가 어찌하여 나갔더냐 선지자를 보기 위함이었더냐 옳다 내가 너희에게 이르노니 선지자보다 더 나은 자니라 기록된 바 보라 내가 내 사자를

> 네 앞에 보내노니 그가 네 길을 네 앞에 준비하리라 하신 것이 이 사람에 대한 말씀이니라 내가 진실로 너희에게 말하노니 여자가 낳은 자 중에 세례 요한보다 큰 이가 일어남이 없도다 … 만일 너희가 즐겨 받을진대 오리라 한 엘리야가 곧 이 사람이니라(마 11:9-14)

열왕기상과 열왕기하의 엘리야가 세례 요한으로 다시 살아온 것이 아니다. 위의 말씀은 단지 한 사람을 의미하거나 한 사람으로 제한하지 않는다. 다만 '엘리야'의 참 의미를 묘사한 것이다.

'엘리야'는 히브리어 'El'과 'Yahh'에서 왔다. 'El'은 '능력,' 'Yahh'는 '여호와'를 의미한다. 두 단어를 합치면 '여호와의 능력'이 된다. 그래서 실제로 세례 요한에 대해 말한 것은 그가 예수님보다 앞서 '여호와의 능력'으로 나타났다는 것이다.

가브리엘 천사가 요한의 사명을 다음과 같이 말한다.

> 이스라엘 자손을 주 곧 그들의 하나님께로 많이 돌아오게 하겠음이니라 그가 또 엘리야의 심령과 능력으로 주 앞에 먼저 와서 아버지의 마음을 자식에게, 거스리는 자를 의인의 슬기에 돌아오게 하고 주를 위하여 세운 백성을 준비하리라(눅 1:16-17)

요한의 사역은 이스라엘 자손의 마음을 하나님께로 돌리는 것이고 그의 메시지는 "회개하라 천국이 가까웠느니라"(마 3:2)였다. 회개는 심령의 변화를 말한다. 이스라엘 자손들의 행위는 매우 종교적이었지만, 그들의 마음은 하나님으로부터 멀어져 있었다. 자기 마음의 참 상태를 알지 못하면서도 수천 명이 회당에 열심히 출석했다. 그래서 하나님은 그들의 마음의 실제 상태를 드러내기 위해 선지자 요한을 세우셨다.

요한은 무리에게 "독사의 자식들아 누가 너희를 일러 장차 올 진노를 피하라 하더냐 그러므로 회개에 합당한 열매를 맺고 속으로 아브라함이 우리 조상이라 말하지 말라"(눅 3:7-8)고 외쳤다.

요한은 그들이 잘못 생각하고 있는 것을 드러냈다. 그들은 아브라함의 자손이며 충성스럽게 회당에 참석하고 십일조를 내기 때문에 구원받을 것으로 믿었다. 요한은 이방인들에게 보내심을 받지 않고, 예수님을 영접하도록 예비시키기 위해, 그들을 일깨우기 위해 이스라엘 집의 '잃어버린 양들'에게 보내심을 받았다.

말라기 역시 '엘리야의 성령의 기름 부음'이 '여호와의 크고 두려운 날이 이르기 전에 오리라'(말 4:5)고 예언했다. '여호와의 큰 날'은 주님의 초림이다. 그리고 '여호와의 두려운 날'은 주님의 재림이다.

나는 우리가 그날에 살고 있다고 믿는다. 예수님은 말라기의 예언을 확인하시고, 이렇게 말씀하셨다.

"엘리야가 과연 먼저 와서 모든 일을 회복하리라 내가 너희에게 말하노니 엘리야가 이미 왔으되 … 그제서야 제자들이 예수께서 말씀하신 것이 세례 요한인 줄을 깨달으니라"(마 17:11-13).

예수님은 요한이 목 베임을 당한 후에 이 말씀을 하셨다. 예수님이 엘리야의 성령의 기름 부음에 대해 미래(먼저 와서)와 과거(이미 왔으되) 두 때를 인용하시는 것을 주목하기 바란다.

예수 그리스도의 재림 이전에, 하나님은 다시 한 번 선지자의 기름 부음의 역사를 일으키실 것이다. 그러나 이번에는 한 개인에게 임하는 것이 아니라, 선지자들의 모임 위에 전체적으로 임할 것이다. 사도행전에 보면, 베드로 사도는 요엘서의 말씀을 인용한다.

> … 너희의 자녀들은 예언할 것이요 너희의 젊은이들은 환상을 보고 너희의 늙은이들은 꿈을 꾸리라 그 때에 내가 내 영을 내 남종과 여종들에게 부어 주리니 그들이 예언할 것이요 … 주의 크고 영화로운 날이 이르기 전에(행 2:17-20)

위의 말씀에서 '예언'에 해당하는 그리스어의 뜻은 '하나님의 감동으로 말을 하다, 선지자 직분을 행사하다, 앞으로 일어날 사건들을 미리 말하다'이다.

세례 요한과 같이, 후세의 선지자들은 '분노의 문' 때문에 교회를 떠난 자들은 물론이고, 교회 안에 있는 잃어버린 양들, 기만당한 양들에게 나아갈 것이다. 교회에 출석하는 대부분의 사람들은 예수님의 재림에 대해 준비가 되었다고 생각한다. 요한 시대의 종교 지도자들과 백성과 조금도 다름이 없이, 그들은 봉사와 교회 출석과 십일조, 교회의 인정, 회개 기도를 한 번 드린 것으로 구원받았다고 믿는다. 그들은 구원받았다고 믿는지 몰라도, 예수님의 재림에 대해서는 준비되어 있지 않다. 그들의 마음은 아직도 배회하고 있다. 다시 한 번 그 예언적인 메시지, "회개하라(마음을 바꾸어라), 주의 날이 가까웠느니라"가 우리에게 임할 것이다. 선지자들은 거짓을 드러내며 진리를 선포할 것이다.

미국은 어떤 나라보다 신앙 테이프, 책, 전도지, 텔레비전 프로그램 등에 수십 억 달러를 쏟아 부었다. 미국에는 어떤 나라보다 더 많은 신학교, 훈련 기관, 교회가 있다. 미국 사람들은 다른 어떤 나라의 사람들보다 성경과 교회론을 더 많이 배웠다. 그러나 미국 교회들은 메마르고, 하나님의 진정한 임재하심이 공허한 상태다. 죄인들이 죄책감도 느끼지 않은 채 예배 시간에 앉아 있다. 죄가 회중 가운데 만연해도, 교회의 지도자들은 못 본 체 한다. 왜 이런 일이 일어났는가?

그것은 사람들이 진정한 회개를 하지 않았기 때문이다. 마태복음 3장 8절의 '회개'에 해당하는 그리스어는 '메타노이아(metanoia)'다. 이 말은 죄와 죄의 결과뿐만 아니라, 그 원인이 되는 마음과 자세의 진정한 변화를 뜻한다. 우리는 죄의 본성을 버리지 않고 죄의 결과에 대해서만 슬퍼하는 것을 배웠다. 불행하게도, 우리가 죄를 거부하는 것은 죄의 본성이 하나님을 슬프게 하기 때문이 아니라, 우리의 삶 속에 죄의 결과와 죄가 노출됨으로 난처해지기 때문이다.

진정한 예언자의 기름 부음은 단지 개인에게 사적인 예언의 말을 주는 것이 아니라, 사람들의 마음을 다룬다. 선지자는 사람의 마음을 보고 하나님의 계획을 미리 본다. 선지자는 변화를 촉구하고 임할 심판을 경고해야 한다. 선지자는 교회에 와서 "하나님이 이르시되 …"라는 말을 한마디도 하지 않을 수 있다. 그러나 선지자는 예배시간 동안 예언을(하나님의 감동에 따라) 해야 한다. 하나님의 선지자가 참 회개를 이끌어 내는 그 마음을 다룰 때 교회는 진정으로 변화될 것이다.

그는 새롭고, 더 정확한 방향을 선포한다. 교회와 개인을 향한 그의 메시지는 "주께로 돌아오라. 주님의 재림이 시작되었다!"이다.

선지자의 직분은 여러 경우에 나타나지만, 신자들을 앞에 세워 놓고 '사적인 예언의 말씀'을 주는 것에만 그치지 않는다. 사도행전 21장

10-11절에서 선지자 아가보가 바울 사도에게 예언한 것처럼, 선지자는 한 개인에게 예언의 말씀을 줄 수도 있지만 그것이 그의 주된 사역이 될 수는 없다.

사도행전에서 바울 사도의 선교 여행의 동반자였던 실라는 선지자였다(행 15:32). 우리는 실라가 이 교회 저 교회를 다니며 집회할 때 '사적인 예언'을 하는 것을 보지 못했다. 우리가 본 것은 주님을 섬기도록 형제들을 권면하는 실라였다.

어떤 사람들은 자신들을 '선지자'라 하면서 '사적인 예언'을 하고 다니지만 하나님의 마음이 없고, 또 어떤 이들은 스스로를 선지자라고 칭하기도 한다. 그 말들은 자신의 마음에서 흘러 나오거나, 어떤 경우에는 점치는 귀신에게서 나오는 것들이다. 그들이 하는 '말들'이 옳게 들릴지 모르나, 하나님께서는 이런 진위가 의심스럽기 때문에 선지자들을 보내지 않으셨고, 또 그들의 입에 말씀을 주지도 않으셨다.

> 이 선지자들은 내가 보내지 아니하였어도 달음질하며 내가 그들에게 이르지 아니하였어도 예언하였은즉 그들이 만일 나의 회의에 참여하였더라면 내 백성에게 내 말을 들려서 그들을 악한 길과 악한 행위에서 돌이키게 하였으리라(렘 23:21-22)

하나님도 역시 '자기 스스로 선지자'라 하는 사람들에 대해 말씀하신다.

"… 그들은 너희에게 헛된 것을 가르치나니 그들이 말한 묵시는 자기 마음으로 말미암은 것이요 여호와의 입에서 나온 것이 아니니라"(렘 23:16).

같은 장에서(렘 23장), 하나님은 '스스로 선지자'라 하는 자들에게서 나온 악이 온 땅을 악하게 만들었으며, 또 그들은 하나님의 백성에게 '헛된 것'을 가르쳤고, '헛된 것'이 되게 하였다고 말씀하셨다.

언제나 사역의 뒤에 있는 동기를 살펴보아야 한다. 그 사역은 사람들을 하나님께로 더 가까이 이끌고 있는가? 아니면 사람들로 하여금 '그 선지자'와 그 사람의 은사에 더 의존하게 만드는가?

가짜 예언 운동의 특징 중 하나는 사람들이 '예언의 말'을 주거나 받기 위하여 이리저리 쫓아다니는 것이다. 그들의 초점은 바로 그들 자신이다. 그들은 하나님께로 돌아오고, 하나님의 얼굴을 찾고, 악한 길에서 돌이키기보다는 외부에서 해결책을 찾는다.

예수님은 어떻게 참 선지자와 거짓 선지자를 분별할 수 있는지를 말씀하신다.

"그들의 열매로 그들을 알지니"(마 7:16).

좋은 열매의 증거는 사람들이 내적 변화를 그들의 삶 속에서 외적으로 나타내기 시작하는 것이다. 우리는 참 선지자와 거짓 선지자는 물론, 참 동기와 거짓 동기를 구별할 수 있는 분별력을 가져야 한다.

선지자의 직분과 은사를 받기 위해서는, 선지자 직분의 회복 목적을 기억하고 우리의 마음을 준비해야 한다. 이러한 선지자들은 "광야에서 거룩한 대로를 준비하라"고 외치는 자의 소리일 것이다.

Growing Strong in Dry Times

제7장

주님이 그의 성전에 오시다

우리는 지금 문 앞에 서 있다.
하나님의 아들이 우리 마음의 외식을 드러내시고
자신의 긍휼을 부어 주실 순간에…

만군의 여호와가 이르노라 보라 내가 내 사자를 보내리니 그가 내 앞에서 길을 준비할 것이요 또 너희가 구하는 바 주가 갑자기 그의 성전에 임하시리니…(말 3:1)

우리가 6장에서 본 것처럼, '내 사자'는 주의 길을 준비할 선지자의 기름 부음을 받은 자다. 말라기는 우리가 구하는 주님이 그 성전에 갑자기 임하실 것이라고 선포한다. 그분의 성전은 그분의 교회다. 위의 말씀에서 그의 성전에 임하신다고 말하는 것에 주의하기 바란다. 주님께서 기쁨 가운데 그의 교회를 위해 오시기 전에, 심판과 정결, 부흥을 위해 먼저 오신다. 이것은 호세아서에 잘 설명되어 있다.

오라 우리가 여호와께로 돌아가자 여호와께서 우리를 찢으셨으나 도로 낫게

하실 것이요 우리를 치셨으나 싸매어 주실 것임이라(호 6:1)

이것은 바로 주의 길을 준비하기 위해 보내심을 받은 선지자들에 의해 전달될 메시지다. 그들의 메시지는 "교회여, 하나님께로 돌아가자"는 것이다.

"여호와께서 우리를 찢으셨으나 도로 낫게 하실 것이요 우리를 치셨으나 싸매어 주실 것임이라" 하신 것은 무슨 의미인가? 그것은 바로 심판이다.

> 하나님 집에서 심판을 시작할 때가 되었나니 만일 우리에게 먼저 하면 하나님의 복음을 순종하지 아니하는 자들의 그 마지막이 어떠하며 또 의인이 겨우 구원을 받으면 경건하지 아니한 자와 죄인은 어디에 서리요(벧전 4:17-18)

하나님께서 열방을 심판하시기 전에, 먼저 그분의 '거룩한 나라'(벧전 2:9)를 심판하신다. 이스라엘 백성이 약속의 땅에 들어가서 여러 민족을 몰아내기 전에, 하나님은 광야에서 먼저 그분의 백성을 심판하셨다. 이것은 예언적이다.

우리가 세상을 향해 손가락질하며 "회개하고 돌이키라"고 말하기 전에, 말세의 위대한 추수를 보기 전에, 하나님은 교회 안에 있는 너무나 명백한 죄를 먼저 청산하실 것이다.

교회는 요나와 같다. 우리는 배 안에서 깊은 잠에 빠져 있다. 우리의 불순종 때문에 재난이 일어났다. 하나님께서 선지자 요나를 깨우시기 위해 함께 배에 있던 이교도들을 사용하신 것처럼 하나님은 "교회여, 잠에서 깨어나라. 너희 안에 죄가 있느니라"고 말씀하시기 위해 세상을 사용하신다.

방송국, 신문 기자, 국세청, 다른 기관들도 교회 내에서 일어나고 있는 탐욕과 탐심, 교만, 부도덕성을 알고 있다. 만약 그리스도인들이 어떻게 행하며 살고 있는지를 알고 싶다면, 불신자들에게 물어보면 된다. 유감스럽게도, 우리가 알고 있는 것보다 불신자들이 더 잘 알고 있다. 그들은 우리의 외식을 목소리 높여 비난한다.

지금이 바로 이 말씀을 기억할 때다.

"깨어 의를 행하고 죄를 짓지 말라 하나님을 알지 못하는 자가 있기로 내가 너희를 부끄럽게 하기 위하여 말하노라"(고전 15:34).

하나님은 선지자를 고래 뱃속에 던지심으로 불순종의 문제를 처리하셨다. 요나는 회개하면서 하나님께 부르짖었다.

"내가 주의 목전에서 쫓겨났을지라도 다시 주의 성전을 바라보겠나이다"(욘 2:4).

요나가 하나님 앞에 바로 섰을 때, 그는 소명을 이룰 능력을 받았고, 죄악이 관영한 니느웨를 향해 회개하라고 외칠 수 있었다.

미국 교회는 표적을 따라왔다. 하나님께서는 "믿는 자들에게는 이런 표적이 따르리니"(막 16:17)라고 말씀하셨는데, 웬일인지 우리는 거꾸로 가는 것 같다. 사람들은 하나님의 인격과 마음을 추구하기보다 성령의 은사나 기름 부음을 추구한다.

하나님은 "사랑을 따라 구하라. 신령한 것을 사모하되 …"라고 말씀하신다. 앞서 언급한 것처럼, 교회는 그 순서를 뒤바꿔 놓았다. 우리는 성령의 은사들을(표적들) 추구하고, 사랑을 사모해 왔다. 사람들은 성령의 은사 집회를 위해서는 수천 마일씩 운전해 가지만, 여전히 하나님께서 그들의 마음속에 있는 분노와 비통함, 용서하지 못함, 투쟁 등을 처리하도록 허락하지는 않는다.

최근에, 어느 집회에서 사람들이 기도받기 위해 앞으로 달려가는 것을 보았는데, 그때 성령님께서 정신이 번쩍 들게 하는 말씀을 주셨다.

"악하고 음란한 세대가 표적을 구하나 요나의 표적 밖에는 보여 줄 표적이 없느니라"(마 16:4).

"악하고" "음란한" 이 두 단어의 상태를 살펴보자. 악한 세대는 표적을 주시는 하나님께 더 가까이 나아가기 위해서가 아니라, 자기 자신의 유익을 위해서 표적을 구한다.

사도행전 8장에서 시몬은 잘못된 동기로 하나님의 능력을 원했다.

> 이에 두 사도가 그들에게 안수하매 성령을 받는지라 시몬이 사도들의 안수로 성령 받는 것을 보고 돈을 드려 이르되 이 권능을 내게도 주어 누구든지 내가 안수하는 사람은 성령을 받게 하여 주소서 하니 베드로가 이르되 네가 하나님의 선물을 돈 주고 살 줄로 생각하였으니 네 은과 네가 함께 망할지어다 하나님 앞에서 네 마음이 바르지 못하니 이 도에는 네가 관계도 없고 분깃 될 것도 없느니라 그러므로 너의 이 악함을 회개하고 주께 기도하라 혹 마음에 품은 것을 사하여 주시리라 내가 보니 너는 악독이 가득하며 불의에 매인 바 되었도다
> (행 8:17-23)

시몬이 추구한 것은 하나님의 인격이 아니라 하나님의 기름 부음이었다. 그의 마음에는 악독이 가득했고 불의에 매여 있었다. 그는 마음

속에 있는 결점들을 처리할 의도가 조금도 없었다. 그러나 시몬은 성령의 기름 부음을 받는 것에 대해서는 매우 흥분해 있었다. 그래서 매우 값진 것을 기꺼이 드리겠다고 한 것이다. 비록 사역으로 가장했지만, 그의 진정한 동기는 자신을 내세우기 위한 것이었다. 우리는 자신의 유익을 위해 성령의 기름 부음을 추구해서는 안 된다. 성령의 기름 부음은 선물이다. 선물은 일해서 얻을 수도 없고, 배울 수도 없는 것이다.

선물은 주어지는 것이다. 선물은 '값없이 주어지는 것'이기 때문에, 만약 그렇지 않으면 선물이 아니다. 우리는 선물이나 업적으로 하나님을 매수할 수도 없다. 하나님께서 필요에 따라 긍휼로 주시기 때문이다. 당신이 하나님의 기름 부음 아래 있을 때, 성령의 기름 부음은 자신을 위한 것이 아니라 다른 사람들을 위한 것임을 금방 알게 될 것이다.

음란한 사람은 한 사람과 언약의 관계를 맺고 있으면서도, 다른 사람과도 관계를 맺는다. 교회는 예수님의 언약의 피로 모든 죄를 씻음 받았다고 자랑하면서도, 부정하게 세상과의 관계를 추구해 왔다. 그래서 교회는 음란해졌다.

"구하여도 받지 못함은 정욕으로 쓰려고 잘못 구하기 때문이라 간음하는 여인들아 세상과 벗된 것이 하나님의 원수 됨을 알지 못하느냐 그런즉 누구든지 세상과 벗이 되고자 하는 자는 스스로 하나님과 원수 되는 것이니라"(약 4:3-4).

당신은 예수님께 충성을 다짐했기 때문에, 만일 정욕대로 살거나 세상 제도의 이득을 추구한다면 이것은 영적 음란에 해당된다.

주님은 요나에게 하신 것과 같이, 교회가 진정한 회개로 돌아오도록, 지금 교회를 심판의 위기로 몰고 가신다.

> 주의 몸을 분별하지 못하고 먹고 마시는 자는 자기의 죄를 먹고 마시는 것이니라 그러므로 너희 중에 약한 자와 병든 자가 많고 잠자는 자도 적지 아니하니 우리가 우리를 살폈으면 판단을 받지 아니하려니와 우리가 판단을 받는 것은 주께 징계를 받는 것이니 이는 우리로 세상과 함께 정죄함을 받지 않게 하려 하심이라(고전 11:29-32)

이것은 우리의 삶 속에서 죄를 자백하지 않고 교회에서 성찬의 떡을 떼며 포도주 잔을 마시는 것보다 훨씬 더 많은 것을 말씀하신다. 성찬의 떡과 포도주에는 아무런 능력이 없다. 떡과 포도주가 상징하는 것에 능력이 있다. 예수님은 요한복음 6장 56-57절에서 다음과 같이 말씀하셨다.

> 내 살을 먹고 내 피를 마시는 자는 내 안에 거하고 나도 그 안에 거하나니 살아계신 아버지께서 나를 보내시매 내가 아버지로 말미암아 사는 것 같이 나를 먹는 그 사람도 나로 말미암아 살리라

당신이 보는 것처럼, 떡을 먹고 포도주를 마시는 것은 내적 헌신을 외적으로 표현하는 것이다. 이것은 예수님 안에 거하고, 예수님을 먹는 것이다. 예수님은 우리 생명의 근원이시다. 이 세상의 쾌락에 따라 살지 말고, 하나님의 입에서 나오는 모든 말씀으로 살아야 한다. 참된 그리스도인으로서, 우리의 음식은 세상 사람들이 먹는 것들이 아니다. 왜냐하면, "너희가 주의 잔과 귀신의 잔을 겸하여 마시지 못하고 주의 식탁과 귀신의 식탁에 겸하여 참여하지 못하리라"(고전 10:21)고 하셨

기 때문이다.

우리의 진정한 기쁨과 삶의 자원은 예수님, 오직 예수님이어야 한다. 너무나 많은 세상의 방법들이 교회로 숨어 들어 왔다. 지금은 세상적인 많은 것이 '정상적인 기독교 사상'으로 간주되고 있다. 이러한 세상적인 것들이 우리의 분별력을 둔감하게 한다. 그래서 교회 안의 많은 사람들이 위기에 처해 있는데 그 이유는 '주의 식탁'과 '세상의 식탁'을 혼합한 불량한 식사 방법 때문일 수도 있다. 이 요리법은 서로가 그 효과를 소멸시킬 때까지, 다른 요리법의 유익한 점을 감소시킨다.

여기서 꼭 한 가지 중요한 이야기를 하고 싶다. 어떤 신자가 몸이 허약하다고 해서, 병들었다고 해서, 젊어서 죽었다고 해서, 그 사람에게 반드시 죄가 있다고 할 수는 없다.

바울 사도는 대부분 경우에는 죄 때문에 그런 일이 생기지만, 모든 경우가 다 그런 것은 아니라고 말했다.

그 외에도 교회 안에 있는 우리는 세상적인 사고방식에 책임을 져야 한다. 우리는 남을 비판하고 판단하는 영을 가지고 양육하는 사람들을 손가락질하지 말고 우리 스스로를 점검해야 한다. 하나님의 말씀을 주의해서 보기 바란다. "우리가 우리를 살폈으면 판단을 받지 아니하려니와", '살폈으면'은 완전히 분리시킨다는 뜻이다. 즉 우리 자신을 철저히 살펴보고 귀하고 보배로운 것에서 더럽고 가치 없는 것들을 완전히 제거한다는 뜻이다. 그리고 '판단'은 '벌하다, 비난하다'라는 뜻이다.

하나님은 계속해서 말씀하신다.

"우리가 판단을 받는 것은 주께 징계를 받는 것이니 이는 우리로 세상과 함께 정죄함을 받지 않게 하려 하심이라."

이것은 하나님의 자비다. 하나님은 우리가 세상과 함께 정죄받는 것을 원치 않으시기 때문에, 마치 요나가 회개한 것처럼 참 회개를 하도록 우리를 먼저 판단하신다. 이 판단이 주님께서 하시는 징계라는 것에 주의해야 한다. 그렇기 때문에 주님은 그분의 교회가 의로 돌아오지 않으면 안 되도록 불편하게 만드신다.

요나는 고래 뱃속에서 몹시 불편했지만, 하나님은 평안보다 우리 마음의 상태에 더 관심이 많으시다. 종종 나는 아이들이 깨워도 일어나지 않으면, 편안하게 자지 못하도록 침대에서 일으켜 세운다. 우리가 지금 불편한 지경에 있는 것은 하나님께서 우리를 깨우려고 하시는 것이 아닐까?

자, 그러면 다시 호세아 6장 1-2절을 살펴보자.

"오라 우리가 여호와께로 돌아가자 여호와께서 우리를 찢으셨으나 도로 낫게 하실 것이요 우리를 치셨으나 싸매어 주실 것임이라 여호와께서 이틀 후에 우리를 살리시며 셋째 날에 우리를 일으키시리니 우리가 그의 앞에서 살리라."

호세아가 말한 '이틀 후에'는 무엇을 의미하는가? 베드로후서 3장 8절은 "주께는 하루가 천 년 같고"라고 말한다. 그렇기 때문에, 문자적으로 호세아는 2천 년 후(지금의 교회 시대)에 하나님이 우리를 살리실 것이라고 말하고 있는 것이다. 먼저 주님은 우리를 판단하고, 정화시킨 후에 우리를 고치고 살리실 것이다.

셋째 날은(혹은 3천 년)은 그리스도의 천년왕국이다. 그리스도는 여기 이 땅에서 우리가 보는 앞에서 천 년을 다스릴 것이다. 그렇기 때문에 우리는 이 예언의 말씀이 성취되는 시대에 살고 있는 것이다. 계속해서 읽어 보자.

"그러므로 우리가 여호와를 알자 힘써 여호와를 알자"(호 6:3).

우리가 추구해야 할 것은 무엇인가? 성공, 목회 사역, 행복한 결혼 생활, 하나님의 축복, 치유, 번영인가? 결코 그렇지 않기를 바란다. 우리가 추구해야 할 것은 '하나님을 아는 것'이다.

사울은 왕국을 추구했고 다윗은 하나님을 추구했다. 당신이 하나님을 추구할 때―하나님이 갖고 계신 것이나 하나님이 하실 수 있는 것이 아니라 하나님 그분을 추구할 때―당신은 하나님과 함께 숨겨진 보물을 찾게 될 것이다. 당신이 하나님의 선물을 거저 받고, 아무도 당신에게서 빼앗아가지 못하는 곳은 바로 이 비밀 장소다.

사울은 그의 왕국을 끝까지 붙잡으려고 했지만 놓치고 말았다. 그러나 다윗의 왕국은 하나님께서 세우셨기 때문에, 압살롬에게 빼앗겼을 때에도 하나님은 그 왕국을 다시 돌려주셨다.

예수님이 기쁨으로 그분의 교회를 위해 다시 오시기 전에, 예수님은 먼저 교회를 정화하시고, 궁극적으로는 다시 살리시기 위해 심판하러 오신다는 것을 명심하기 바란다.

> 그러므로 우리가 여호와를 알자 힘써 여호와를 알자 그의 나타나심은 새벽 빛 같이 어김없나니 비와 같이, 땅을 적시는 늦은 비와 같이 우리에게 임하시리라 하느니라(호 6:3)

주님의 오심은(나오심은) 이미 정해졌다. 다시 말하면, 태양이 매일 아침 정해진 시간에 떠오르는 것처럼, 주님은 그분의 교회를 심판하고, 정화하고, 다시 살리기 위해, 이 세상에 오심도 이미 정해져 있다는 말씀이다. 주님은 교회가 준비되었든 그렇지 않든 간에 오실 것이다. 주님은 마치 늦은 비와 같이, 갑자기 오실 것이다. 이른 비는 이미 세례 요한의 시대와 함께 시작되었다.

"모든 선지자와 율법의 예언한 것은 요한까지니"(마 11:13).

세례 요한은 정화와 부흥을 일으키는 심판이 온다는 것을 경고하기 위해 왔다. 요한의 경고를 듣지 않고, 계속해서 하나님의 백성과 후손들을 박해한 사람들은 심판을 받았다. 예수님이 성전에 오셔서 그 사람들을 내어 쫓았다. 예수님은 상(그들의 제도나 조직)을 엎으시고 돈을 쏟으셨다. 그 당시 무력한 종교적 기관을 대적하신 것은 새로운 예배 형식을 위한 길을 내어놓으신 것이다. 예수님은 종교 지도자들과 그들의 외식을 막으면서, 대중의 필요에 따라 과감하게 사역을 하셨다. 우리는 지금 하나님의 아들, 예수님께서 우리 마음속에 있는 외식을 모두 꺼내어 버리시고 사람들에 대해 불쌍히 여기는 마음을 심어 주시는, 그러한 분리의 기점에 서 있는 것이다.

> 그러므로 형제들아 주께서 강림하시기까지 길이 참으라 보라 농부가 땅에서 나는 귀한 열매를 바라고 길이 참아 이른 비와 늦은 비를 기다리나니(약 5:7)

우리는 이 늦은 비 바로 직전에 있다. 다시 한 번 하나님은 다가올 심판을 하나님의 백성에게 경고하기 위해 선지자들을 세우고 계신다. 교회를 깨끗하게 하신 후에, 성령을 쏟아 부어 주시는 부흥의 역사가 일어날 것이다. 이 성령의 부어 주심은 사도행전에 나오는 성령의 역사를 작아 보이게 할 것이다. 왜냐하면 하나님이 요엘 2장 23절에서 다음과 같이 말씀하셨기 때문이다.

"너희 시온의 자녀들아, 그때에 즐거워하고 주 너희 하나님을 기뻐하라 이는 그가 이른 비를 너희에게 적절히 주셨으며 또 그가 너희를 위하여 비를 내려 주시되 이른 비와 늦은 비를 첫 달에 내리게 하실 것임이라"(새성경).

하나님은 늦은 비에 비해서 이른 비를 적절히 주셨다고 말씀하신다. 놀랍다! 다시 말하면, 우리가 본 사도행전의 성령의 역사는 적절한 부으심이지만, 우리가 곧 받게 될 성령의 역사는 더욱 풍성할 것이라는 약속의 말씀이다. 하나님은 언제나 가장 좋은 포도주를 제일 나중을 위해 준비해 놓으신다.

전도서 7장 8절은 "일의 끝이 시작보다 낫고…"라고 말한다. 또한 하나님은 학개 선지자를 통해 "이 전의 나중 영광이 이전 영광보다 크리라 … 내가 이곳에 평강을 주리라 …"라고 말씀하신다. 하나님은 이스라엘 백성이 포로에서 돌아와 세운 성전에 대해 말씀하셨다. 하지만 그것 역시 예언적인 말씀이다. 후세에 세워질 그분의 교회에 나타날 하나님의 영광은 전에 세워진 교회에 나타났던 하나님의 영광보다 더 클 것이라는 말씀이다.

어떤 사람들은 "우리는 지금 부흥의 시대에 있습니다"라고 말한다. 그러나 그렇지 않다. 우리는 지금 혼란 속에 있다. 에스겔 선지자가 본 골짜기의 뼈들과 같다. 그러나 우리에게는 소망이 있다. 하나님은 에스겔에게 "인자야 이 뼈들이 능히 살겠느냐?"고 물으셨고, 에스겔은 "주 여호와여 주께서 아시나이다"(겔 37:3)라고 대답했다. 그 대답은

"예"였다.

하나님은 다시 에스겔에게 말씀하셨다.

"… 너는 이 모든 뼈에게 대언하여 이르기를 너희 마른 뼈들아 여호와의 말씀을 들을지어다 주 여호와께서 이 뼈들에게 이같이 말씀하시기를 내가 생기로 너희에게 들어가게 하리니 너희가 살아나리라"(겔 37:4-5).

"이에 내가 그 명령대로 대언하였더니 생기가 그들에게 들어가매 그들이 곧 살아나서 일어나 서는데 극히 큰 군대더라"(겔 37:10).

하나님은 지금 생명이 없는 교회에 그분의 생명과 생기를 불어넣으실 준비를 하고 계신다. 그렇다. 교회는 다시 한 번 일어날 것이다. 하나님의 백성은 자기의 생명에 대해서는 죽고 하나님의 생명으로 능력을 받은, 영광스럽고 의기양양한 군대로 당당하게 설 것이다.

골짜기의 뼈들 같은 상태로 우리는 다시 회복시키실 하나님의 예언의 말씀을 기다리고 있다. 우리가 하나님의 부흥의 시대에 들어갈 때는 아무도 우리에게 말해줄 필요가 없다. 아무도 그것을 지적해 줄 필요가 없다. 너무나 분명히 알 수 있기 때문에 사람들은 "이는 곧 선지자 요엘을 통하여 말씀하신 것이니 일렀으되"(행 2:16)라고 말할 것이다.

주님께서 순식간에 우리를 공중으로 끌어 올리기 전에, 주님은 먼저 교회를 심판하시고, 정화하신 후에 교회를 다시 살리기 위해서 그분의 성전에 오실 것이다. 이제 우리는 하나님께서 교회를 심판하시고 깨끗하게 하시기 위해서, 교회를 광야로 인도하신다는 것을 이해할 수 있다. 그 이후에 하나님께서 어떻게 하실지 살펴보자.

제8장

정화하는 불

> 하나님은 인간 자신의 영광이 아니라,
> 하나님의 영광을 나타낼
> 한 세대의 사람들을 일으키고 계신다.
>
> ───

만군의 여호와가 이르노라 보라 내가 내 사자를 보내리니 그가 내 앞에서 길을 준비할 것이요 또 너희의 구하는 바 주가 갑자기 그의 성전에 임하시리니 곧 너희가 사모하는 바 언약의 사자가 임할 것이라 그의 임하시는 날을 누가 능히 당하며 그의 나타나는 때에 누가 능히 서리요 그는 금을 연단하는 자의 불과 표백하는 자의 잿물과 같을 것이라 그가 은을 연단하여 깨끗하게 하는 자 같이 앉아서 레위 자손을 깨끗하게 하되 금, 은 같이 그들을 연단하리니 그들이 공의로운 제물을 나 여호와께 바칠 것이라(말 3:1-3)

하나님은 인간 자신의 영광이 아니라 하나님의 영광을 나타낼 한 세대의 사람들을 일으키고 계신다. 사람은 하나님의 형상으로, 하나님의 인격으로 살아가도록 창조되었다.

> 큰 집에는 금 그릇과 은 그릇뿐 아니라 나무 그릇과 질그릇도 있어 귀하게 쓰는 것도 있고 천히 쓰는 것도 있나니 그러므로 누구든지 이런 것에서 자기를 깨끗하게 하면 귀히 쓰는 그릇이 되어 거룩하고 주인의 쓰심에 합당하며 모든 선한 일에 준비함이 되리라(딤후 2:20-21)

천히 쓰이는 그릇과 귀히 쓰이는 그릇, 두 종류의 그릇이 있다. '천히'에 해당하는 그리스어 '아티미아(atimia)'는 '불명예, 치욕, 수치, 천한 것' 등으로 정의된다. '귀히'에 해당하는 그리스어 '티메(time)'는 '귀중한'으로 정의된다. 하나님은 말씀하신다.

"… 네가 만일 헛된 것을 버리고 귀한 것을 말한다면 너는 나의 입이 될 것이라"(렘 15:19).

어떻게 천한 것에서 귀한 것을 취할 수 있는가? 깨끗하게 함으로(딤후 2:21) 가능하다. 여기서 '깨끗하게'의 뜻은 불순물이 하나도 없는 상태를 의미한다.

> 그가 은을 연단하여 깨끗하게 하는 자 같이 앉아서 레위 자손을 깨끗하게 하되 금, 은 같이 그들을 연단하리니 그들이 공의로운 제물을 나 여호와께 바칠 것이라(말 3:3)

레위 자손은 '왕 같은 제사장'(벧전 2:9), 즉 교회를 예시한다. 하나님께서 레위 자손을 깨끗하게 하시는 것을 금, 은을 연단하는 것과 비교하시기 때문에, 금과 은의 특징과 이것이 어떻게 연단되는지를 이해하는 것은 매우 중요하다. 금과 은을 연단하는 과정은 서로 비슷하기 때문에, 이 책에서는 금에 대해서만 살펴보겠다.

금은 아름다운 노란 빛깔을 갖고 있고, 부드러운 금속의 빛을 발한다. 금은 자연계에 널리 분포되어 있지만, 양은 매우 적고, 매우 드물게 순수한 상태로 채굴된다. 금은 순수한 상태에 있을 때는 연하고, 휘기 쉽고, 부식되지 않고, 다른 물질이 조금도 섞이지 않는다. 금이 다른 금속(구리, 철, 니켈 등)과 혼합되면 더욱 단단해지고, 잘 휘지 않고, 쉽게 부식된다. 이런 혼합 금속을 합금이라고 부른다. 구리나 철, 니켈 등의 성분 함량이 높아질수록 금은 더 단단해진다. 반대로 그 함량이 낮아지면, 금은 더 연해지고 쉽게 휘어진다.

우리도 이와 같다. 하나님 앞에 순수한 마음은 순금과 같다. 순수한 마음은 부드럽고, 연하고, 쉽게 휘어진다.

> 그러므로 성령이 이르신 바와 같이 오늘 너희가 그의 음성을 듣거든 광야에서 시험하던 날에 거역하던 것 같이 너희 마음을 완고하게 하지 말라 … 오직 오늘이라 일컫는 동안에 매일 피차 권면하여 너희 중에 누구든지 죄의 유혹으로 완고하게 되지 않도록 하라(히 3:7-13)

죄는 우리의 순수한 금(마음)을 합금으로(단단한 마음) 만드는 불순물이다. 유연성이 부족하면 예민함을 잃게 된다. 즉, 하나님의 음성을 들을 수 있는 우리의 능력을 방해한다. 불행하게도 이것은 경건함은 있어도 부드러운 마음이 없는, 교회 안에 있는 많은 사람들의 상태다. 그들의 마음은 더 이상 예수님을 향해 불타지 않는다. 하나님을 향한 순수하고 뜨거운 사랑은 자기 자신의 쾌락과 평안과 유익만을 찾는 굳어진 자기 연민으로 대치되었다. 그들은 경건을 개인적인 이익의 수단으로 생각하면서(딤전 6:5), 약속을 주신 자는 생각하지 않고 약속의 유익만을 찾는다. 속고 있는 것이다. 그들은 하늘로부터 받을 것을 기대하면서, 세상과 함께 기뻐한다.

> 하나님 아버지 앞에서 정결하고 더러움이 없는 경건은 곧 고아와 과부를 그 환난중에 돌보고 또 자기를 지켜 세속에 물들지 아니하는 그것이니라(약 1:27)

예수님은 한 점 불순물도 없는 순수한 교회, 즉 그 마음이 세상적인 방식으로 혼탁해지지 않은 교회를 위해 오실 것이다.

금의 또 다른 특성은 녹슬지 않고 부식되지 않는다는 것이다. 다른 모든 금속은 환경이 변함에 따라 색깔이 변하지만, 순금은 환경의 변화에도 색깔이 변하지 않는다. 놋쇠(구리와 아연의 노란색 합금)는 금과 비슷하게 보이지만, 금과 성질이 다르다. 놋쇠는 쉽게 색깔이 변한다. 놋쇠의 겉모양은 금과 비슷하지만, 금의 특성은 없다. 순금에 다른 물질의 비율이 높아질수록 부식이나 부패에 더 민감해진다.

이미 세상의 방식이 교회 안으로 몰래 스며들어 왔다. 우리는 세상의 문화에 물들었으며, 따라서 우리의 색깔이 변하고 있다. 미국에서는 교회의 가치 평가가 세상적인 방식으로 이루어지고 있다. 대부분의 사람은 우둔해서 정화되어야 할 필요를 깨닫지 못한다.

말라기 3장 3절은 금 제련공이 금을 연단하는 것과 같이, 예수님께서 세상의 영향으로부터 교회를 어떻게 정화할 것인지를 보여 준다. 금 제련 과정을 보면, 먼저 금을 갈아서 플럭스라는 물질과 혼합한다.

두 혼합물을 용광로에 집어넣고, 극렬한 불로 녹인다. 그러면 금이 아닌 불순물은 플럭스에 붙어서 표면으로 떠오른다. 금은 다른 물질보다 무겁기 때문에 바닥에 남게 되고, 위에 떠오른 불순물 혹은 찌꺼기(플럭스와 함께 떠오른 구리, 철, 아연 등)는 제거된다. 그러면 하나님께서 그것을 어떻게 정화하시는지 자세히 살펴보기로 하자.

> 내가 또 나의 손을 네게 돌려 네 찌꺼기를 잿물로 씻듯이 녹여 청결하게 하며 네 혼잡물을 다 제하여 버리고 내가 네 재판관들을 처음과 같이, 너의 모사들을 본래와 같이 회복할 것이라 그리한 후에야 네가 의의 성읍이라, 신실한 고을이라 불리리라 하셨나니(사 1:25-26)

하나님께서는 우리를 정화하기 위해서 어떠한 불을 사용하시는가? 그 답은 다음 말씀에서 찾을 수 있다.

> 그러므로 너희가 이제 여러 가지 시험으로 말미암아 잠깐 근심하게 되지 않을 수 없으나 오히려 크게 기뻐하는도다 너희 믿음의 확실함은 불로 연단하여도 없어질 금보다 더 귀하여 예수 그리스도의 나타나실 때에 칭찬과 영광과 존귀를 얻게 할 것이니라(벧전 1:6-7)

하나님의 불은 여러 가지 '시험과 환난'이다. 그 열은 우리의 삶에서 불순물을 제거한다.

금은 가장 순수한 상태에 있을 때는 투명(유리와 같이)하다.

"… 성의 길은 맑은 유리 같은 정금이더라"(계 21:21).

그리스도인은 어려운 시험과 연단을 받은 다음에 더욱 투명해질 것이다. 투명한 그릇은 그 자체의 영광을 나타내지 않고 그 안에 들어 있는 것을 나타낸다. 그것은 주제넘지 않고, 남의 눈에 띄지도 않는다. 우리가 정화되면, 세상은 다시 예수님을 볼 것이다. 이것이 이사야서에 아주 상세히 설명되어 있다.

> 보라 내가 너를 연단하였으나 은처럼 하지 아니하고 너를 고난의 풀무 불에서 택하였노라 나는 나를 위하여 이를 이룰 것이라 어찌 내 이름을 욕되게 하리요 내 영광을 다른 자에게 주지 아니하리라(사 48:10-11)

하나님께서 '은처럼 하지 아니하고'라고 말씀하신 것처럼, 풀무 불은 은을 연단하는 것은 문자 그대로 물리적인 불이 아니라 우리가 받는 고난이다. 그 고난은 가치 없는 것에서 가치 있는 것들을 분리시켜 내는 극렬한 불이다.

1985년 12월에, 주님은 나의 삶을 깨끗하게 하시리라고 말씀하셨다. 나는 너무나 흥분해서, 아내에게 말했다.

"하나님께서 나의 불순물들을 제거해 주실 것이라고 하셨어."

그리고 하나님은 제거해 주실 바람직하지 않은 모든 것을 다 말씀해 주셨다. 그런데 3개월 동안은 아무 일도 일어나지 않았다. 사실상, 문제는 더 어려워졌다. 나는 주님께 나아가 물었다.

"주님, 왜 저의 나쁜 버릇이 없어지기는커녕, 더 나빠만 집니까?"

주님은 말씀하셨다.

"아들아, 내가 너를 깨끗하게 하리라 말하였노라. 지금까지는 네가 네 힘으로 노력해 왔지만 이제 내가 내 방법으로 하리라."

수년 동안 사람들은 자신의 능력으로 거룩함을 이루기 위해 노력해 왔다. 우리가 무익하게 시도한 결과로 교단들이 탄생했다. 우리가 한 것이라고는 우리 자신을 율법주의의 종이 되게 한 것뿐이다. 거룩함은 하나님의 은혜이지, 표면적으로 나타나는 정욕의 억제가 아니다.

하나님은 교만한 자가 아닌, 겸손한 자에게 은혜를 베푸신다. 교만한 자는 법과 규례를 지킴으로, 하나님의 도움 없이 거룩함을 이룰 수 있다고 생각한다. 하지만 겸손한 자는 자신의 힘으로는 절대로 할 수가 없음을 알고, 주님의 은혜와 능력에 의지한다. 겸손한 자는 오직 주님과 교제함으로 마음에 새겨진 법들을 지킬 수 있는 능력을 입게 될 것을 알고, 주님과의 교제를 추구한다.

하나님께서 나를 깨끗하게 하시는 과정을 시작하셨다고 말씀하시자, 우리는 한 번도 경험하지 못한 아주 극심한 시련을 겪기 시작했다. 시련을 통과하는 동안에, 하나님은 멀리 계신 것처럼 느껴졌다. 숨겨진 성격의 결점들이 표면으로 떠오르기 시작했다. 나는 가장 가까운 사람들에게 무례하고 거칠게 대했다. 가족과 친구들은 나를 피해 다녔다.

나는 주님께 부르짖었다.

"이 모든 분노가 어디에서 나오는 것입니까? 전에는 이런 일들이 없었습니다!"

주님은 말씀하셨다.

"아들아, 금을 연단할 때 금을 불에 넣으면 불은 금을 녹여 액체로 만들고, 불순물은 표면으로 떠오르기 시작하느니라."

그리고 나의 삶을 완전히 바꾸어 놓은 질문을 하셨다.

"너는 금을 불에 넣기 전에 금에 섞여 있는 불순물을 볼 수 있느냐?"

"아닙니다."

주님은 말씀하셨다.

"네가 볼 수 없다고 해서 불순물이 없는 것은 아니다. 내가 불을 네 밑에 집어넣었을 때, 네게는 숨겨져 있었지만 내게는 훤히 보였던, 그런 불순물이 나타난 것이다. 그렇기 때문에 지금은 모든 것이 너의 선택에 달려 있다. 표면에 나타난 것에 대한 너의 반응이 너의 장래를 좌우할 것이다. 계속해서 화를 내며, 네가 처한 환경을 아내와 친구들과 담임 목사와 너와 함께 일하는 사람들 탓으로 돌릴 수 있다. 하지만 그것이 무엇인지 밝히 보고 회개하고 용서를 빌면, 내가 너의 삶 속에서 그 불순물을 제거해 주겠다."

하나님은 우리의 의지를 무시하고 우리의 불순물을 제거하지 않으신다. 이런 이유 때문에 바울 사도는 디모데후서 2장 21절에서 "… 자기를 깨끗하게 하면…"이라고 말했다.

만약 당신이 자신을 정당화하고(즉 변명을 하고) 당신을 묶고 있는 그 결점들을 그대로 간직하기 원한다면, 하나님은 강제로 그 결점들을 버리게 하지는 않을 것이다. 정화는 영원하며, 쉬지 않으며, 때로는 매우 고통스러운 과정이다. 하지만 나는 결과를 알기 때문에 그 과정을 환영한다.

예수님은 "마음이 청결한 자는 복이 있나니 그들이 하나님을 볼 것임이요"(마 5:8)라고 말씀하셨다. 하나님의 마음에 합한 다윗은 "자기 허물을 능히 깨달을 자 누구리요 나를 숨은 허물에서 벗어나게 하소서"(시 19:12)라고 부르짖었다.

"하늘의 높음과 땅의 깊음 같이 왕(들)의 마음은 헤아릴 수 없느니라"(잠 25:3).

이 말씀을 읽을 때, '왕(들)'을 '나라들의 왕들'로 생각하지 않기를 바란다. 왕(들)은 그리스도인들을 말한다. 요한계시록 1장 6절은 "그 아버지 하나님을 위하여 우리를 나라(왕들)와 제사장으로 삼으신 그에게…"라고 기록한다.

예수님은 하나님과 아버지를 위해 우리를 왕들로 삼으셨다고 말씀하신다. 역시 하나님은 잠언 25장 3절에서 "우리의 마음은 헤아릴 수가 없다"고 말씀하신다. 그러나 잠언 25장 2절에서 "일을 살피는 것은 왕(들)의 영화니라"고 말씀하신다. 헤아릴 수 없는 우리의 마음을 어떻게 살필 수가 있는가? 그 답은 이것이다. 우리는 우리 마음을 연단을 통해 살필 수가 있다는 것이다.

잠언 기자는 계속해서 이렇게 말한다.

"은에서 찌꺼기를 제하라 그리하면 장색의 쓸 만한 그릇이 나올 것이요 왕 앞에서 악한 자를 제하라 그리하면 그의 왕위가 의로 말미암아 견고히 서리라"(잠 25:4-5).

마음은 헤아릴 수가 없다. 그러나 하나님은 금과 은 속에 있는 찌꺼기를 용광로로 드러내시는 것처럼 시련의 불을 사용해서 우리 마음 속에 숨겨진 것들을 노출시킨다. 예수님은 교회에 권고하신다.

"내가 너를 권하노니 내게서 불로 연단한 금을 사서 부요하게 하고 흰 옷을 사서 입어 벌거벗은 수치를 보이지 않게…"(계 3:18).

이것이 우리의 기도가 되게 하자. 만약 우리가 우리의 마음을 깨끗하게 해달라고 하나님께 구하면, 우리 눈의 숨겨진 불순물을 제거해 주실 것이다. 비록 우리는 모르지만, 하나님은 우리의 가장 깊은 곳에 있는 생각과 의도까지도 알고 계시는 분이다.

영적 시간과 계절을 인식하기 바란다. 불 같은 시험이 왔을 때, 화를 내지 말고 그 목적이 무엇인지 살펴봐야 한다. 마음을 살피고, 가치 없는 것에서 가치 있는 것들을 분리해 내도록 하자. 시련은 좋은 것과 깨끗한 것들은 더 강하게 하고, 약하고 더럽혀진 것들은 제하여 버린다는 것을 기억하라. 당신을 귀하게 쓰일 그릇이 되게 하고, 하나님의 영광을 나타낼 수 있게 하는 그분의 시련을 받아들이기 바란다.

제9장
정화와 소멸

> 사람이 하나님이 없이 무엇인가를 세운다면,
> 그것이 삶이든, 가정이든, 목회든
> 지속되지 못할 것이다.

그의 임하시는 날을 누가 능히 당하며

그의 나타나는 때에 누가 능히 서리요

그는 금을 연단하는 자의 불과

표백하는 자의 잿물과 같을 것이라 (말 3:2)

예수님은 불로 오신다.

"우리 하나님은 소멸하는 불이심이라"(히 12:29).

어떠한 고의적인 죄도 하나님 영광의 임재 앞에서는 살아남을 수가 없다. 그래서 예수님은 그분의 성전을 준비하시는 데 수고를 아끼지 않으신다.

이 불은 무엇에 접촉하느냐에 따라 두 가지로 작용한다. 불은 순화하거나 멸망시키고, 깨끗하게 하거나 소멸시킨다. 말라기 선지자는

"그의 임하시는 날을 누가 능히 당하며 그의 나타나는 때에 누가 능히 서리요"라고 질문한다.

바울 사도는 고린도전서 3장 9-10절에서 이것을 언급하고 있다.

"우리는 하나님의 동역자들이요 너희는 하나님의 밭이요 하나님의 집이니라 내게 주신 하나님의 은혜를 따라 내가 지혜로운 건축자와 같이 터를 닦아 두매 다른 이가 그 위에 세우나 그러나 각각 어떻게 그 위에 세우기를 조심할지니라."

우리의 삶을 어떻게 세울 것인지 특별히 주의할 필요가 있다. 성경에서 집을 짓는 것은 우리의 삶과 사역을 세우는 것을 상징한다. 우리는 하나님의 집이기 때문에 하나님께 속해 있다.

> 그러므로 함께 하늘의 부르심을 입은 거룩한 형제들아 우리의 믿는 도리의 사도이시며 대제사장이신 예수를 깊이 생각하라 그가 자기를 세우신 이에게 신실하시기를 모세가 하나님의 온 집에서 한 것과 같이 하셨으니 그는 모세보다 더욱 영광을 받을 만한 것이 마치 집 지은 자가 그 집보다 더욱 존귀함 같으니라 집마다 지은 이가 있으니 만물을 지으신 이는 하나님이시라(히 3:1-4)

누가 집을 짓는지 주의해서 보라. 바로 하나님이시다. 집 짓는 이는 우리가 아니며, 우리 육신의 힘으로도 할 수 없다. 무엇이든 하나님께서 세우시면 영원하다. 그러나 우리가 세우면 그렇지 않다.

"여호와께서 집을 세우지 아니하시면 세우는 자의 수고가 헛되며 여호와께서 성을 지키지 아니하시면 파수꾼의 깨어 있음이 헛되도다"(시 127:1).

사람이 하나님 없이 무엇인가를 세운다면, 그것이 삶이든, 가정이든, 목회든, 지속되지 못할 것이다.

창세기 11장 4절에서 그 예를 볼 수 있다.

"자, 성읍과 탑을 건설하여 그 탑 꼭대기를 하늘에 닿게 하여 우리 이름을 내고 온 지면에 흩어짐을 면하자 하였더니."

무엇이 그들의 동기였는가? 그들의 꿈을 이루고, 자신의 영광을 위해 건축물을 세우는 것이었다. 그들은 하나님처럼 되기를 원했다. 그리고 하나님과는 완전한 독립을 원했다. 그들이 추구한 것은 하나님의 뜻이 아니라, 그들의 욕망과 뜻이었다. 그들의 건축은 하늘을 향한 것이었지만, 하나님과는 아무 상관이 없었다. 우리의 의도가 아무리 고귀할지라도 하나님과 관련이 없으면 헛된 수고에 불과하다. 그렇기 때문에 성경은 우리에게 경고한다.

> 내게 주신 하나님의 은혜를 따라 내가 지혜로운 건축자와 같이 터를 닦아 두매 다른 이가 그 위에 세우나 그러나 각각 어떻게 그 위에 세울까를 조심할지니라 이 닦아 둔 것 외에 능히 다른 터를 닦아 둘 자가 없으니 이 터는 곧 예수 그리스도라 만일 누구든지 금이나 은이나 보석이나 나무나 풀이나 짚으로 이 터 위에 세우면 각 사람의 공적이 나타날 터인데 그 날이 공적을 밝히리니 이는 불로 나타내고 그 불이 각 사람의 공적이 어떠한 것을 시험할 것임이라
> (고전 3:10-13)

금이나 은, 보석은 하나님의 건축 방법을 상징한다. 나무나 풀, 짚은 세상적인 청사진에 의해 짓는 우리의 건축 방법을 상징한다. 이 말

쏨은 단지 하늘의 심판에 대한 것인가? 아니다. 이 말씀은 주님께서 그분의 성전에 오실 때를 설명하는 것이다(고전 3:16-17, 참조). 주님은 불로 오신다. 불의 역할은 무엇인가? 우리가 전에 본 것 같이, 불이 무엇과 접촉하느냐에 따라 결정된다. 불은 나무나 풀, 짚은 태워 버린다. 그러나 금과 은은 깨끗하게 한다. 그렇기 때문에 주님은 계속해서 말씀하신다.

"누구든지 그 공적이 불타면 해를 받으리니 그러나 자신은 구원을 받되 불 가운데서 받은 것 같으리라"(고전 3:15).

만약 당신의 삶이나 사업, 목회를 당신 성품의 힘이나 세상적인 프로그램, 기술 등 당신 자신이 만드는 것으로 세운다면, 사람들을 교묘히 다루거나 협박해서 세운다면, 어떠한 지위를 얻으려고 사람에게 아첨하거나 사람을 의지한다면, 당신의 것을 세우기 위해서 비난과 헛소문으로 다른 사람을 매도한다면, 이러한 방법으로 얻은 것은 모두 잃게 될 것이다. 지은 모든 것은 다 불에 탈 것이다. 많은 사람이 높은 자리를 차지하기 위해 거짓말을 해서 승진한다. 이것도 역시 불에 탈 것이다.

"아무도 자기를 속이지 말라 너희 중에 누구든지 이 세상에서 지혜 있는 줄로 생각하거든 어리석은 자가 되라 그리하여야 지혜로운 자가 되리라 이 세상 지혜는 하나님께 어리석은 것이니 기록된 바 하나님은 지혜 있는 자들로 하여금 자기 꾀에 빠지게 하시는 이라 하였고"(고전 3:18-19).

이 세상 지혜의 초점은 당신 자신이다.

"그러나 너희 마음 속에 독한 시기와 다툼이 있으면 자랑하지 말라 진리를 거슬러 거짓말하지 말라 이러한 지혜는 위로부터 내려온 것이 아니요 땅 위의 것이요 정욕의 것이요 귀신의 것이니"(약 3:14-15).

하나님의 눈에는, 자기 자신만을 위해 추구하는 것이라면 모두 나무나 풀, 짚으로 간주된다. 아무리 많은 사람을 돕는 것처럼 보일지라도, 주님의 이름으로 할지라도, 아무리 많은 시간을 헌신할지라도, 그 모든 것은 불에 타 없어질 것이다.

시기는 경쟁과 의심을 갖게 한다. 의심은 교회 안에 만연하며, 두려움은 분쟁을 일으킨다. 우리는 자기 영역을 지키기 위해 세력 다툼을 한다. 이러한 잘못된 태도 때문에 친구들과 자신의 인격과 가장 중요한 하나님과의 관계를 잃게 될 것이다. 목회자들이 직분이나 지위, 사례비에 너무 급급하여 하나님의 마음까지도 팔아먹는 경우가 종종 있다.

이런 무거운 짐들은 하나님의 백성을 향한 목회자의 사랑을 삼켜 버리고, 그들의 목회 사역은 그들 자신을 위한 것이 된다. 이런 이유 때문에 그들은 '최고 혹은 최대'가 되려고 몸부림치며, 사실상, 하나님만이 채워줄 수 있는 마음의 공허함을 이러한 성공이 채워줄 것으로 바라며, 사역의 초점을 직무 수행에 맞춘다. 그들은 완전히 속고 있는 것이고, 또한 그들은 하나님을 위해 사역을 감당하고 있다고 굳게 믿는다.

그러나 어떤 사람들은 하나님의 마음을 추구한다. 그들이 하나님을 추구하면 할수록, 그들은 점점 더 작아지는 것만 같다. 그들은 "하나님, 제가 하나님을 찾으면 찾을수록, 점점 아래로만 내려 갑니다"라고 부르짖는다. 그러나 하나님은 "더 깊게 파라"고 말씀하신다.

내게 나아와 내 말을 듣고 행하는 자마다 누구와 같은 것을 너희에게 보이리라

집을 짓되 깊이 파고 주추를 반석 위에 놓은 사람과 같으니(눅 6:47-48)

내가 달라스에 살았을 때, 건축가들이 고층 건물 짓는 것을 구경하곤 했다. 처음에는 주추를 놓기 위해 반석을 깨고, 땅을 깊이 파느라 그 진행 과정이 느렸다. 건물이 크면 클수록, 주추는 더 깊게 더 넓게 놓였다. 땅 위에서 보면, 느리게 진행되고 진보가 없는 것 같이 보였다. 그런데 어느 날 건물이 갑자기 올라가기 시작했다. 기초 작업을 할 때와 비교하면, 위로 올라가는 것은 하룻밤의 일처럼 순식간에 이루어진다. 위로 올라가는 과정은 밑으로 파 내려가던 준비 과정에 비교하면 문제도 아니었다.

지금 그리스도의 몸 안에는 밑을 향한 준비 작업의 과정에 있는 사람들이 많이 있다. 그리고 우리는 깨닫게 하시는 하나님을 찬양한다. 그들은 사역을 위해서 부름을 받았을지라도, 지금은 다른 사람을 돕는 일을 하고 있다. 그들에게는 모든 것이 빨리 움직이지 않는 것처럼 보인다. 그들은 지금 하나님의 준비 과정인 광야에 있다. 그 주추가 놓여지고 있다. 그리스도의 인격이 새겨지고 있다. 그리스도의 인격이 목회 사역을 세우는 모든 사람을 뒷받침해 줄 것이다.

내 사역은 진행되지 않는 것 같은데, 주위에 있는 다른 사람들은 정치와 자기 선전을 통해 매우 빨리 올라가는 것처럼 보인다. 그들도 빠른 길을 택하고 싶은 유혹을 받을지 모른다. 그러나 그렇게 하는 것은 그리스도의 형상을 나타내는 것이 아니며 이미 애써 얻은 것까지 위태롭게 한다는 것을 알기 때문에, 위험 부담이 너무 크다고 생각한다. 그들은 하나님을 기다림으로, 건축의 대가이신 하나님에게 반석

위에 매우 견고한 주추를 놓으시게 한다.

지금 하나님을 추구하는 많은 사역자가 있지만, 역시 아무 일도 일어나지 않고 있다. 그들은 자신들이 메마른 장소나 시기에 있는 것 같다. 그들은 다른 사역자들이 프로그램과 세상적인 방법을 사용해서 그들의 지위와 사역을 크게 하는 것을 본다. 그러나 하나님은 그들로 하여금 이런 방법으로 집을 짓도록 허락하지 않을 것이다. 왜냐하면 하나님 자신이 그들의 주추를 준비하고 계시기 때문이다.

그리고 하나님께서 그들을 아직은 전임 사역자로 부르지는 않았지만, 하나님은 이들에게 꿈을 주셨다. 그들은 어떻게 이러한 비전들이 성취될 것인가 궁금해 한다. 그들이 이룰 수 있는 일들도 빗나가는 것처럼 보이기도 한다.

메마른 광야와 같은 이때에, 하나님은 하나님을 기다리는 사람들과 '외식'이나 '프로그램'과 같은 도구로 집을 짓는 사람들을 분리하신다. 하나님께서 자기의 성전에 오실 것을 바라며 기다리는 사람들에게 높아질 기회가 올 것이다.

하나님은 "내가 정한 기약이 이르면 내가 바르게 심판하리니 … 무릇 높이는 일이 동쪽에서나 서쪽에서 말미암지 아니하며 남쪽에서도 말미암지 아니하고 오직 재판장이신 하나님이 이를 낮추시고 저를 높이시느니라"(시 75:2-7)고 말씀하신다.

이삭의 목회 사역이 있고, 이스마엘의 목회 사역이 있다. 무엇이 다른가? 이스마엘의 목회 사역은 필요에 따라 육신으로 태어난 것이다. 그러나 이삭의 목회 사역은 하나님의 부르심에 따라, 성령으로 태어난 것이다. 둘 다 하나님의 약속과 부르심에서 나왔다.

하나님은 아브람에게 한 아들을 약속하셨다. 이 아들은 아브람의 몸에서 나올 것으로 예정되어 있었다. 하나님은 이 일에 대해 경수가 끊어진 아브람의 아내 사래의 역할에 대해서는 아무 말씀도 하시지 않으셨다. 약 11년을 기다린 후, 사래는 그의 생각을 아브람에게 말했다.

"나는 경수가 끊어졌고, 아기를 생산할 수 있는 나이가 지났습니다. 당신은 아직도 아기를 생산할 수 있지만, 더 오래 기다린다면, 당신도 생산할 수 없게 될 것입니다. 모르십니까? 행함이 없는 믿음은 죽은 믿음입니다! 그러니 내 종 하갈과 동침해서 아기를 잉태하게 하십시오. 그러면 내가 하갈로 말미암아 자녀를 얻을까 합니다"(창 16장 의역).

아브람은 사래의 말을 들었고, 하갈은 이스마엘을 낳았다.

그런데 하나님은 이것을 보시고, "그들은 그들의 힘으로 나의 약속을 이루어 낼 수 있다고 생각하므로 나는 아브람의 생산 기능이 죽을 때까지 기다리겠다. 그 다음에 내 약속을 이루겠다"고 말씀하셨다.

왜 그러한가? 하나님의 면전에서는, 어떤 육신도 자랑할 수 없기 때문이다. 그래서 13년 후, 하나님께서 아브람에게 약속하신 후 24년 만에(우리는 2주 안에 응답이 없으면 당황한다.), "이제 아브람이 거의 백 세가 되었고, 아브람의 생산 기능이 죽었기 때문에(롬 4:19), 이제 내 약속을 이루어 낼 수 있다"고 말씀하셨다.

하나님은 아브람과 사래의 생산 기능을 회복시켜 주셨다. 그래서 사래가 임신하여 이삭을 낳았다. 이스마엘은 이삭이 출생하기 전 13년 동안 그 집에서 살았다. 이삭이 아직 어렸을 때 이스마엘은 아브라함의 집의 혜택을 누리며 몇 년 더 살았다. 그러나 이스마엘이 이삭을 핍박하기 시작한 날이 왔다. 어떤 일이 생겼는지 확인해 보라.

그러나 그 때에 육체를 따라 난 자가 성령을 따라 난 자를 박해한 것 같이 이제도 그러하도다 그러나 성경이 무엇을 말하느냐 여종과 그 아들을 내쫓으라 여종의 아들이 자유 있는 여자의 아들로 더불어 유업을 얻지 못하리라 하였느니라(갈 4:29-30)

육신과 필요에 따라 난 자들은 언제나 성령으로 난 자들을 핍박한다. 지금도 마찬가지다. 참 약속의 결과이지만, 육신과 필요에 따라 세워진 이스마엘의 목회 사역이 있다. 단지 그들은 하나님께서 그 약속을 이루시도록 기다리지 않고, 자신들이 그것을 이루고자 한다.

이것은 단지 목회 사역뿐만 아니라, 삶의 모든 면에도 적용된다. 육신은 절대로 하나님의 약속을 이룰 수가 없다는 것을 명심하기 바란다. 만약에 육신에 의해 태어난 것이라면, 필요한 모든 것을 육신이 공급해 주어야 할 것이다. 대체로, 이것은 사람을 교묘히 이용하거나 조종하는 분위기를 만든다.

이렇게 하는 사람들은 자신의 직분을 높이거나, 일의 성과를 내기 위해서 인간의 감정을 가지고 장난을 친다. 당신이 어떻게 반응하느냐에 따라 그들의 성공과 실패가 갈리게 된다. 거기에는 많은 압력과 율법주의가 역사할 것이다. 우리는 지금 목회 사역에 대해 말하고 있지만, 이것이 단지 목회 사역에서만 일어나는 것이 아니라는 것을 강조하고 싶다. 이것은 육신의 능력으로 난 모든 것에 적용된다.

반대로, 성령으로 난 것에는 자기가 생성에 아무런 역할도 하지 않았다는 것을 알 것이다. 그렇기 때문에 자신의 능력으로는 현상 유지를 하거나 성장할 수 없다는 것을 잘 안다. 하나님께서 창조하신 것과 세우신 것들의 모든 필요를 공급하는 것은 하나님의 책임이다.

이삭이 태어났을 때, 이스마엘의 직위는 이미 잘 세워져 있었다. 역사적으로 보면, 이삭처럼 하나님께서 행하시는 목회 사역이 생기기 전에는, 이스마엘처럼 언제나 스스로 목회를 해왔다는 것을 알 수 있다. 오직 하나님만이 줄 수 있는 것을 당신이 이루고 싶은 유혹은 절대 저지해야 한다. 하나님의 말씀을 상고하기 바란다.

"여종과 그 아들을 내쫓으라 여종의 아들이 자유 있는 여자의 아들로 더불어 유업을 얻지 못하리라 하였느니라."

주님이 성전에 오셔서, "육신적인 목회 사역들을 내쫓으라, 육신적인 사역은 약속의 사역과 함께 유업을 얻지 못할 것이다"라고 말씀하실 그날이 오고 있다. 그들이 어떤 열매를 거둘지라도, 하나님은 "내쫓으라!"고 하실 것이다. 왜 그러한가? 하나님의 임재 앞에서는 육신의 어떤 것도 자랑할 것이 없기 때문이다.

심판이 임할 때, 만약 당신의 삶이나 사역에서 당신의 능력으로 세워진 부분이 있고, 성령으로 세워진 부분이 있다면, 오직 성령으로 세워진 부분만 남게 될 것이다.

만약 어떤 사람이 그의 사역과 삶을 전적으로 자기 자신의 힘으로 세웠다면, 아무것도 남지 않을 것이다. 그러나 자신은 불에서 구원받는 것 같이 구원받을 것이다. 오직 약속으로, 성령으로 잉태되고 태어난 것만 남게 될 것이다.

제10장

악인들의 심판

'사기꾼'의 정의는 가장된 인격이나 허위 주장으로
다른 사람들을 속이는 자다.

그의 임하시는 날을 누가 능히 당하며 그가 나타나는 때에 누가 능히 서리요 그는 금을 연단하는 자의 불과 표백하는 자의 잿물과 같을 것이라 그가 은을 연단하여 깨끗하게 하는 자 같이 앉아서 레위 자손을 깨끗하게 하되 금, 은 같이 그들을 연단하리니 그들이 공의로운 제물을 나 여호와께 바칠 것이라 그 때에 유다와 예루살렘의 봉헌물이 옛날과 고대와 같이 나 여호와께 기쁨이 되려니와 내가 심판하러 너희에게 임할 것이라 점치는 자에게와 간음하는 자에게와 거짓 맹세하는 자에게와 품꾼의 삯에 대하여 억울하게 하며 과부와 고아를 압제하며 나그네를 억울하게 하며 나를 경외하지 아니하는 자들에게 속히 증언하리라 만군의 여호와가 말하였느니라 (말 3:2-5)

말라기 선지자는 신약의 용어를 접할 수 없었기 때문에, '레위 자손', '유다와 예루살렘'과 같은 말을 사용했다. 우리 시대에 대해 예언하면서도, 그는 그 당시의 단어를 사용해야 했다.

하나님의 백성이 연단을 받은 후에, 하나님이 무엇을 하실 것인가를 말씀하신 것에 주의해야 한다.

"내가 심판하러 너희에게 임할 것이라."

중요한 단어는 '너희에게'다. 하나님께서 말씀하시는 것을 확실히 이해하기 위해서는, 하나님이 '심판으로 속히 증언하리라' 하신 악인들이 그분의 백성 '가까이 혹은 가운데' 있다는 것을 이해해야만 한다. 말라기서와 평행을 이루는 예레미야 5장 26, 28, 29절에서 우리는 다음과 같은 말씀을 보게 된다.

> 내 백성 가운데 악인이 있어서 새 사냥군의 매복함 같이 지키며 덫을 놓아 사람을 잡으며 살지고 윤택하며 또 행위가 심히 악하여 자기 이익을 얻으려고 송사 곧 고아의 송사를 공정하게 하지 아니하며 빈민의 재판을 공정하게 판결하지 아니하니 내가 이 일들에 대하여 벌하지 아니하겠으며 내 마음이 이같은 나라에 보복하지 아니하겠느냐 여호와의 말씀이니라(렘 5:26, 28, 29)

그리고 신약에서도 찾아볼 수가 있다.

> 여러분은 자기를 위하여 또는 온 양 떼를 위하여 삼가라 성령이 그들 가운데 여러분을 감독자로 삼고 하나님이 자기 피로 사신 교회를 보살피게 하셨느니라 내가 떠난 후에 사나운 이리가 여러분에게 들어와서 그 양 떼를 아끼지 아니하며 또한 여러분 중에서도 제자들을 끌어 자기를 따르게 하려고 어그러진 말을 하는 사람들이 일어날 줄을 내가 아노라(행 20:28-30)

> 무릇 그리스도 예수 안에서 경건하게 살고자 하는 자는 박해를 받으리라 악한 사람들과 속이는 자들은 더욱 악하여져서 속이기도 하고 속기도 하나니
> (딤후 3:12-13)

하나님의 백성 가까이 혹은 그 가운데 있는 악인들을 사기꾼이라고 부른다. 사전은 '사기꾼'을 '가장된 인격이나 허위 주장으로 다른 사람들을 속이는 자'로 정의한다. 우리는 다음의 말씀을 통해 이 말을 실감한다.

> 천국은 좋은 씨(천국의 백성)를 제 밭에 뿌린 사람(예수)과 같으니 사람들이 잘 때(교회가 깨어 있지 않고 기도하고 있지 않을 때)에 그 원수(마귀)가 와서 곡식(진정한 성도) 가운데 가라지(성도처럼 보이는 악인들)를 덧뿌리고 갔더니 [저자의 해석 첨가](마 13:24-25)

곡식 가운데 가라지가 심겨졌다는 것에 주의하라. 가라지는 추수 때까지는 곡식과 함께 있다. 그러나 추수 때에는 그 차이가 명확해지는데, 곡식은 열매를 맺지만 가라지는 열매가 없다.

예수님을 안다고 주장하는 사람이 모두, 예수님을 아는 것은 아니다. 그런데 나는 의심을 갖게 하려는 것이 아니라, 단지 성경에서 분명하게 말씀하신 것을 다시 한 번 강조하는 것이다. 예수님은 우리에게 "거짓 선지자들을 삼가라 양의 옷을 입고 너희에게 나아오나 속에는 노략질하는 이리라 그들의 열매로 그들을 알지니…"라고 경고하셨다 (마 7:15-16). 우리는 '좋은 열매'와 '나쁜 열매'를 인식할 수 있는 분별

력이 있어야 한다.

유다서는 이것을 자세하게 다루고 있다.

"이는 가만히 들어온 사람 몇이 있음이라 그들은 옛적부터 이 판결을 받기로 미리 기록된 자니 경건하지 아니하여 우리 하나님의 은혜를 도리어 방탕한 것으로 바꾸고 홀로 하나이신 주재 곧 우리 주 예수 그리스도를 부인하는 자니라"(유 4절).

당신의 교회에 다니는 사람들 중에 주님을 부인하는 자가 있을 리 없다고 생각할지도 모른다. 그렇다면, 어떻게 그들이 주님을 부인하는지를 이해하는 것이 중요하다. 성경이 말하는 '가만히 들어온 사람'을 주의해서 보기 바란다. 그들은 말로 주님을 부인하는 것이 아니라 행위(삶을 사는 방법 등)로 한다. 이것을 명확히 하기 위해, 디도의 말에 귀 기울여 보자.

"그들이 하나님을 시인하나 행위로는 부인하니 가증한 자요 복종하지 아니하는 자요 모든 선한 일을 버리는 자니라"(딛 1:16).

그렇기 때문에, 그들을 분별하는 유일한 방법은 그들의 말이 아니라 그들의 열매로 보는 것이다.

유다서 5절에서 유다는 이렇게 말한다.

"너희가 본래 모든 사실을 알고 있으나 내가 너희로 다시 생각나게 하고자 하노라 주께서 백성을 애굽에서 구원하여 내시고 후에 믿지 아니하는 자들을 멸하셨으며."

유다는 오늘날의 거짓 양들과 하나님의 심판 아래 떨어진 광야의 거짓 양들을 비교하고 있다. 어떤 사람들은 땅이 그 입을 열어 그들을 삼켜 버렸다(민 16:31-32). 많은 사람이 여호와 앞에서 재앙으로 죽었다(민 14:37, 25:9). 어떤 사람들은 불뱀에 물려 죽었다(민 21:6). 그리고 신약 시대와 현 시대의 모습은 다음과 같다.

> 그러한데 꿈꾸는 이 사람들도 그와 같이 육체를 더럽히며 권위를 업신여기며 영광을 비방하는도다 화 있을진저 이 사람들이여, 가인의 길에 행하였으며 삯을 위하여 발람의 어그러진 길로 몰려 갔으며 고라의 패역을 따라 멸망을 받았도다(유 8, 11절)

가인, 발람, 고라는 한때 하나님과 교제했으며, 하나님을 섬기는 일을 했다. 가인은 하나님께서 자기의 제사(땅의 소산으로)는 열납하지 않으시고, 동생 아벨이 드린 제사(최상의 양으로)를 열납하심으로 동생을 질투했다. 하나님께서 가인에게 앞으로 바르게 제사를 드리면 열납하리라고 말씀하신 후에도, 가인은 심한 분을 품고 있었다. 가인에게는 마음 속에 있는 악의를 처리하는 것보다 계속 동생에게 화를 내고 분을 품는 것이 더 쉬웠다. 결국 이 분노는 미움으로 나타나 살인으로 변했다.

"그 형제를 미워하는 자마다 살인하는 자니 살인하는 자마다 영생이 그 속에 거하지 아니하는 것을 너희가 아는 바라"(요일 3:15).

발람은 권력과 지위와 돈에 굶주려 있었다. 발람은 하나님께서 그렇게 하지 말라고 특별히 경고하셨는데도 불구하고, 그의 삶에 부어 주신 성령의 기름 부음을 자신의 부유함을 위해 팔아먹었다.

"부하려 하는 자들은 시험과 올무와 여러 가지 어리석고 해로운 욕심에 떨어지나니 곧 사람으로 파멸과 멸망에 빠지게 하는 것이라"(딤전 6:9).

발람이 이렇게 행했기 때문에 이스라엘 백성이 그 땅을 소유하게 되었을 때, 가나안 사람들과 함께 죽었다.

고라는 레위의 자손으로 제사장이었지만, 광야에서 "너희가 분수에 지나도다 … 너희가 어찌하여 여호와의 총회 위에 스스로 높이느냐"(민 16:3)라고 말하면서 모세와 아론을 대적해 일어났다. 고라는 모세가 얼마나 무거운 책임을 지고 있었는지에는 관심이 없었고, 다만 모세에게 있는 권위를 갖고 싶었다. 그의 숨은 의도는 자신을 높이는 것이었다. 하나님께서 임명하신 지도자에게 반항하면서, 고라는 모세(하나님이 높이신)가 스스로 높인다고 비난했다. 고라의 반역은 심판을 받았고, 땅은 그를 산 채로 삼켜 버렸다.

신약은 다음과 같이 말한다.

"너희를 인도하는 자들에게 순종하고 복종하라 그들은 너희 영혼을 위하여 경성하기를 자신들이 청산할 자인 것 같이 하느니라 그들로 하여금 즐거움으로 이것을 하게 하고 근심으로 하게 말라 그렇지 않으면 너희에게 유익이 없느니라"(히 13:17).

결론적으로 가인, 발람, 고라의 목적이 하나님과 하나님의 백성을 섬기는 것이 아니라 오직 자신을 섬기는 것이었기 때문에 하나님과의 교제를 유지할 수가 없었다. 유다는 계속해서 말한다.

"그들이 너희와 더불어 잔치를 할 때 두려움 없이 자신들을 먹이는 너희 애찬의 흠이요…"(유 12절, 새성경).

애찬은 성도들 간의 교제다. 유다는 그들을 '흠'이라고 묘사한다. 예수님은 '영광스러운 교회'를 위해서 오시지 '흠이나 주름잡힌 것이나 이런 것들'이 있는 교회에 오시지 않는다(엡 5:27). 이 말씀은 이런 사람들이 예수님이 오시기 전에 회개하지 않으면 교회에서 추방당할 것을 뜻한다.

유다가 말하는 '바람에 불려가는 물 없는 구름'과 '물 없는 구름'은 경건의 모양은 있어도 생명이나 본질이 없는, 그래서 비를 내리지 못하는 상태를 묘사한 것이다.

그리고 유다는 말한다. "두 번 죽어 뿌리까지 뽑힌, 열매가 시들어 열매 없는 나무요 자기의 수치를 거품처럼 내뿜는 바다의 성난 파도이며 유리하는 별들이니 이들에게 캄캄한 흑암이 영원히 간직되어 있느니라"(유 12-13절, 새성경).

'두 번 죽어'라는 말을 주의해서 보기 바란다. '두 번 죽어'는 한때 그리스도 없이 죽어 있었는데 그리스도를 영접함으로 살아났다가, 그리스도를 영원히 떠남으로 다시 죽었다는 뜻이다. 베드로 사도는 베드로후서 2장에서 이것을 확인시켜 준다.

> 불의의 값으로 불의를 당하며 낮에 즐기고 노는 것을 기쁘게 여기는 자들이니 점과 흠이라 너희와 함께 연회할 때에 그들의 속임수로 즐기고 놀며 음심이 가득한 눈을 가지고 범죄하기를 그치지 아니하고 굳세지 못한 영혼들을 유혹하며 탐욕에 연단된 마음을 가진 자들이니 저주의 자식이라 그들이 바른 길을 떠나 미혹되어 브올의 아들 발람의 길을 따르는도다 그는 불의의 삯을 사랑하다가 … 만일 그들이 우리 주 되신 구주 예수 그리스도를 앎으로 세상의 더러움을 피한 후에 다시 그 중에 얽매이고 지면 그 나중 형편이 처음보다 더 심하리니 의의 도를 안 후에 받은 거룩한 명령을 저버리는 것보다 알지 못하는 것이 도리어 그들에게 나으니라(벧후 2:13-15, 20-21)

나는 이 장에서 많은 성경 구절을 인용했다. 이런 어려운 논점들을 다룰 때, 나 자신의 의견이나 확신을 주장하는 것보다 성경 구절을 인용하는 것이 중요하다고 생각한다. 다음 세 가지 요점에 주의를 기울이기 바란다.

1. 속이는 자들은 하나님의 백성 가운데 있다.
2. 한때 이들은 의의 도를 알았지만, 그 도를 영원히 저버린 자들이다.
3. 이들에게 경건의 모양은 있으나 그 동기는 오직 자신을 섬기는 것이다.

속이는 자들의 신은 그들의 배요, 그들의 영광은 자기들의 수치 속에 있고 마음은 탐욕에 연관되어 있다.

우리는 어떻게 그들을 알 수가 있는가? 그들의 열매로 알 수 있다. 어떤 사람이 죄를 짓는다고 해서 그 사람을 속이는 자라고 단정할 수 없다. 다윗 왕은 한 여인과 간음을 범했고, 그 여인의 남편을 살해했다. 그러나 나단 선지자가 다윗 왕을 찾아와서 그의 죄를 들추어 냈을 때, 다윗은 땅에 엎드려 회개했다. 성경은 다윗이 하나님의 마음에 합한 자라고 말한다. 분명히, 하나님은 그의 행위들을 판단하신 것이 아니라, 다윗이 회개에 합당한 열매를 맺은 것을 보시고 그의 마음을 판단하신 것이다.

이와 반대로, 사울 왕은 아말렉의 모든 것을 진멸하라는 하나님의 명령을 어기고 아말렉에서 뺏은 양과 소, 아말렉 왕을 살려 두었다. 사무엘 선지자가 그 사실을 들추었을 때, 사울 왕은 "내가 범죄하였을지라도 이제 청하옵나니 내 백성의 장로들 앞과 이스라엘 앞에서 나를 높이사…"(삼상 15:30)라고 말했다.

사울은 하나님께 범죄한 사실조차도 깨닫지 못한 것 같다. 사울은 이 일 때문에 장로들과 이스라엘 백성 앞에서 자신의 체면이 깎이는 것을 원치 않았던 것이다. 사울은 하나님과의 교제에는 아무런 관심이 없었다. 단지 자신의 이익만을 위해 섬긴 것이다.

만약 밖으로 드러난 죄만으로 두 사람의 점수를 매긴다면, 다윗은 악인으로, 사울은 잠시 실수한 자로 점수 매길 수 있다. 그러나 외부의 기준으로 판단한다면, 우리의 판단은 잘못된 것이다. 하나님은 사울을 버리시고 다윗의 왕국을 세우셨다. 하나님은 사람의 행위(사람의 눈에 보이는 것들)를 보시는 것이 아니라 마음을 보신다.

열매는 마음에서 넘쳐 나오는 것이다. 사람은 다른 사람의 마음을 알 수 없다. 우리는 자신의 마음조차도 알 수가 없다. 그러나 그 열매는 짐작할 수가 있다. 열매가 없는 사람은 겉으로는 당신과 친밀해지려고 노력하지만, 속으로는 당신을 이용하려는 동기를 갖고 있다. 그 모든 문제의 열쇠는 마음의 동기다. 마음의 동기는 광야에서 표면적으로 나타나게 된다.

다시 한 번 강조한다. 분별은 의심이 아니다. 의심의 동기는 두려움이다(즉, 무슨 일이 일어날 것인가? 혹은 이것이 나에게 무슨 영향을 줄 것인가?). 두려움은 하나님으로부터 오는 것이 아니다. 그렇기 때문에 이런 판단은 보통 정확하지 않다. 올바른 판단은 다른 사람들과 그들이 잘되기를 바라는 마음의 결과다. 숨은 의도가 없으며 비판적이지 않다.

"내가 기도하노라 너희 사랑을 지식과 모든 총명(통찰력)으로 점점 더 풍성하게 하사"(빌 1:9).

온전한 사랑은 두려움을 물리치고 의심이 아니라 통찰력이 흐를 수 있는 분위기를 만든다.

예수님은 바리새인들의 악과 외식을 통찰하시고 대적하셨지만, 그들을 위해 죽을 만큼 그들을 사랑하셨다. 마찬가지로, 당신이 올바르게 판단한다면, 당신은 소문을 퍼뜨리기보다 기도할 것이다. 하나님께서 당신을 그 사람에게 인도하실지도 모른다. 이 인도하심을 점검하는 좋은 방법은 역시 마음의 동기다.

당신이 얼마나 영적인지를 그들로 하여금 알게 할 것인가? 당신이 화가 난 것을 그들로 하여금 알게 할 것인가? 그들을 회복시켜 주거나 바로 잡아 주어 다른 사람들이 상처받지 않도록 그들에게로 갈 것인가? 권위의 자리에 있는 사람들이 올바른 판단을 하도록 그들에게 지혜가 풍성하도록 기도할 것인가?

바울은 "끝으로 형제들아 너희는 우리를 위하여 기도하기를 … 우리를 부당하고 악한 사람들에게서 건지옵소서 하라"(살후 3:1-2)고 말했다.

말라기서를 다시 보자. 주님은 하나님의 백성에게 경고하시고 회개하도록 부르시기 위해서 먼저 그분의 사자를, 예언적 성령의 기름 부음으로 보내실 것이다. 그리고 주님은 예언의 말씀을 받은 자들을 정화하시고 그들로 하여금 하나님께서 받으실 만한 예배를 드릴 수 있도록 그분의 성전에 오실 것이다. 주님은 예언의 말씀이나 성령의 기름 부음으로 경고하신 것을 거절한 악한 자들을 신속히 심판하실 것이다.

먼저 하나님은 경고를 보내시고, 정화하시고, 마지막으로 심판을 행하신다. 나는 하나님의 경고가 지금 울려 퍼지고 있으며, 하나님은 경고를 받은 자들의 마음을 깨끗하게 하고 계신다고 믿는다. 선지자들은 심판을 행하지 않고, 다만 심판을 경고한다는 것을 아는 것이 중요하다. 선지자들을 두려워할 것이 아니라 그들의 경고를 귀담아 들어야 할 것이다.

우리는 복음서에서 이러한 모형을 볼 수 있다. 세례 요한은 회개의 세례를 외치며, 백성에게 임박한 심판을 경고하면서 나타났다.

> 요한이 많은 바리새인들과 사두개인들이 세례 베푸는 데로 오는 것을 보고 이르되 독사의 자식들아 누가 너희를 가르쳐 임박한 진노를 피하라 하더냐 그러므로 회개에 합당한 열매를 맺고 속으로 아브라함이 우리 조상이라고 생각하지 말라 내가 너희에게 이르노니 하나님이 능히 이 돌들로도 아브라함의 자손이 되게 하시리라 이미 도끼가 나무 뿌리에 놓였으니 좋은 열매를 맺지 아니하는 나무마다 찍혀 불에 던져지리라 나는 너희로 회개하게 하기 위하여 물로 세례를 베풀거니와 내 뒤에 오시는 이는 나보다 능력이 많으시니 나는 그의 신을 들기도 감당하지 못하겠노라 그는 성령과 불로 너희에게 세례를 베푸실 것이요 손에 키를 들고 자기의 타작 마당을 정하게 하사 알곡은 모아 곡간에 들이고 쭉정이는 꺼지지 않는 불에 태우시리라(마 3:7-12)

요한은 참 회개가 없으면 심판이 내릴 것이라고 경고했다. 요한은 참 회개는 좋은 열매를 맺을 것이나, 회개하지 않으면 변화가 없을 것이라고 말한다. 만약 참 회개가 없다면, 열매의 생명의 근원, 즉 마음의 뿌리에 도끼가 놓이게 될 것이다. 이 도끼는 하나님의 포도원에서 그 나무를 찍어 버릴 것이다.

> 너희에게 이르노니 아니라 너희도 만일 회개하지 아니하면 다 이와 같이 망하리라 이에 비유로 말씀하시되 한 사람이 포도원에 무화과나무를 심은 것이 있더니 와서 그 열매를 구하였으나 얻지 못한지라 포도원지기에게 이르되 내가 삼 년을 와서 이 무화과나무에서 열매를 구하되 얻지 못하니 찍어버리라 어찌 땅만 버리게 하겠느냐 대답하여 이르되 주인이여 금년에도 그대로 두소서 내가 두루 파고 거름을 주리니 이 후에 만일 열매가 열면 좋거니와 그렇지 않으면 찍어버리소서 하였다 하시니라(눅 13:5-9)

세례 요한이 바로 나무 주위의 땅을 파고 거름을 준 사람이다. 요한은 앞으로 깨끗하게 하실 것을 받아들이도록 묵은 땅을 갈아 부드럽게 만들었다. 요한은 백성에게 하나님의 심판을 경고하고 진리를 선포할 만큼 백성을 사랑했다. 하나님께서 보시기에 요한은 위대한 사람이었다(눅 1:15). 사람들 보기에 위대한 것과 하나님이 보시기에 위대한 것은 전혀 다르다.

요한은 사람들에게 거절당하는 것보다 하나님에게 거절당하는 것을 두려워했기 때문에 진리를 선포할 수 있었다. 거짓 증인은 아부를 하지만, 참 증인은 거절당할지라도 진리를 말한다.

그 다음에 요한은 두 번째 모형을 주었다. 요한은 예수님이 손에 키를 잡으시고 그의 타작 마당을 정하게 하실 것을 말했다. 내가 지적하고 싶은 것은 예수님은 성전을 정하게 하신다는 사실이다. 예수님께는 숨길 수 있는 것이 아무것도 없다. 그래서 예수님은 유대인들에게 "너희도 회개하지 않으면, 다 이와 같이 망하리라"고 말씀하실 수가 있었다.

교회에 변화가 일어나야 한다. 너무나 많은 경우에 우리의 동기가 올바르지 않다. 우리는 자신의 숨은 의도를 이루기 위해 일할 때도, 주님을 위해서 일한다고 말한다. 교회는 안에서 일어나는 가증한 일을 보고 한숨 지으며 울부짖지만, 그 일을 위해 중보기도는 거의 하지 않는다. 원수가 먹고 삼키는 동안 우리의 감각은 둔해져 있다. 실제로 우리는 우리의 참 상태나 조건을 보지 못하면서도, 우리가 부유하며 부족한 것이 없다고 생각한다(계 3:15-17).

하나님은 지금도 경고를 보내시고 정화 과정을 일으키신다. 교회에 변화가 일어나야 한다. 진정 변화는 일어날 것이다! 그리고 교회의 지도자들이 변화되어야 한다. 변화는 교회의 울타리 안에서뿐만 아니라 가정에서도 시작되어야 한다. 변화는 아버지들로부터 일어나야 한다. 우리가 생각하는 방식과 살아가는 삶의 방법에 개혁이 있어야 한다. 우리의 아버지들과 지도자들의 마음이 자식들과 백성에게로 돌아가야 한다.

하나님은 백성 중에서 악한 자와 속이는 자들을 드러내신다. 하나님은 그들을 심판하실 것이다. 세례 요한은 심판을 경고했다. 예수님은 성전을 깨끗하게 하심으로 정화하셨다. 그리고 한참 후에, 하나님은 진노하셔서 성전을 멸하셨다.

Growing Strong in Dry Times

제11장

정화의 도구들

하나님의 사람으로 만드는 것은
성령의 기름 부음이 아니라,
그의 인격이다.

그러므로 너희가 이제 여러 가지 시험으로 말미암아 잠깐 근심하게 되지 않을 수 없으나 오히려 크게 기뻐하는도다 너희 믿음의 확실함은 불로 연단하여도 없어질 금보다 더 귀하여 예수 그리스도께서 나타나실 때에 칭찬과 영광과 존귀를 얻게 할 것이니라(벧전 1:6-7)

베드로는 시련과 시험이 어떻게 정화를 이루어내는가를 설명하고 있다. '근심'으로 번역된 그리스어는 '루페오(lupeo)'다. 이 단어의 뜻 가운데 하나는 '스트레스를 받다'이다. 스트레스를 받는 동안 우리의 마음이 깨끗해진다고 말할 수 있다.

너는 이것을 알라 말세에 고통하는 때가 이르러 사람들은 자기를 사랑하며 돈을 사랑하며 자랑하며 교만하며 비방하며 부모를 거역하며 감사하지 아니하며 거룩하지 아니하며 무정하며 원통함을 풀지 아니하며 모함하며 절제하지 못하며 사나우며 선한 것을 좋아 아니하며 배신하며 조급하며 자만하며 쾌락을 사랑하기를 하나님 사랑하는 것보다 더하며 경건의 모양은 있으나 경건의 능력은 부인하는 자니 이같은 자들에게서 네가 돌아서라 … 얀네와 얌브레가 모세를 대적한 것 같이 저희도 진리를 대적하니 이 사람들은 그 마음이 부패한 자요 믿음에 관하여는 버림 받은 자들이라 그러나 그들이 더 나아가지 못할 것은 저 두 사람이 된 것과 같이 그들의 어리석음이 드러날 것임이니라 나의 교훈과 행실과 의향과 믿음과 오래 참음과 사랑과 인내와 박해를 받음과 고난과 또한 안디옥과 이고니온과 루스드라에서 당한 일과 어떠한 박해를 받은 것을 네가 과연 보고 알았거니와 주께서 이 모든 것 가운데서 나를 건지셨느니라 무릇 그리스도 예수 안에서 경건하게 살고자 하는 자는 박해를 받으리라 악한 사람들과 속이는 자들은 더욱 악하여져서 속이기도 하고 속기도 하나니 (딤후 3:1-5, 8-13)

이 성경 말씀이 오늘날 이 세상의 실태를 잘 묘사한다고 생각하지 않는가? 일간 신문의 헤드라인을 읽는 것만 같다. 슬픈 일은 이 말씀이 교회의 상태를 정확하게 묘사한다는 것이다. 이 말씀의 처음을 보면, 말세에 '고통하는 때'가 올 것이라고 한다. 고통하는 때는 부분적으로 경건의 모양은 있으나 열매는 없는, 속이는 자들의 결과로 일어날 것이다.

중요한 것은 성령의 기름 부음이 그 사람의 삶을 하나님께서 인정하신다는 표시가 아니라는 것에 주목해야 한다. 바울은 디모데에게 그의 삶을 본받을 것을 훈계했다. 바울은 하나님께서 자신에게 맡겨 주신 직분과 성령의 기름 부음을 이어받아 수행해 나가는 것이 디모데의 삶 속에 맺어지는 열매인 것을 알았다.

비록 하나님께서 바울의 손에서 기적과 치유의 역사가 일어나게 하셨지만, 그것이 디모데가 관찰하고 본받아야 하는 중요한 것이라고 바울은 생각하지 않았다. 바울은 디모데에게 성령의 열매로 인정받은 그의 인격을 본받으라고 했다.

"오직 성령의 열매는 사랑과 희락과 화평과 오래 참음과 자비와 양선과 충성과 온유와 절제니 이같은 것을 금지할 법이 없느니라"(갈 5:22-23).

스트레스의 근원 중 하나는 디모데후서 2장 2~4절의 말씀을 생활 방법으로 행하는 자들이다. 스트레스의 다른 근원은 교회 밖에서 오는 악인들이나 세상적인 제도일 것이다. 그들은(속이는 자들) 경건의 모양만 있고, 오직 경건에 대해 말만 한다. 어떤 사람들은 초자연적인 표적을 나타낼 것이다. 그러나 그들의 마음은 주님이나 주님의 백성을 위하지 않고, 그들 자신의 이익만을 추구한다.

이런 상황 속에서 바울이 "무릇 그리스도 예수 안에서 경건하게 살고자 하는 자는 박해를 받으리라"고 말한 것에 주의하기 바란다. 박해는 정화 과정의 한 부분이다.

누가 정화될 것인가? 속이는 자들, 하나님의 백성 가운데 침투해 들어온 사람들이다. 그것이 바로 바울이 모세를 대적한 얀네와 얌브레에 대해서 말하는 이유다. 이 사람들은 교회 바깥의 사람들이 아니라, 교회 회중 가운데 있는 사람들이다.

바울은 사역을 하면서 받은 박해와 고난을 설명하면서, 자기가 받은 고난 중에 몇 가지는 '거짓 형제'(고후 11:26) 때문이라고 말한다.

정화는 이 경우에만 제한되는 것은 아니지만, 한때는 하나님과 동행했지만 지금은 하나님에게서 돌아선 사람들에게도 올 수 있다. 그는 여전히 경건의 모양도 있고 경건에 대해 말하지만 그의 마음은 주님을 위하지 않고 자신을 위한다.

다윗의 부르짖음을 들어 보자.

> 내 마음이 내 속에서 심히 아파하며 사망의 위험이 내게 이르렀도다 두려움과 떨림이 내게 이르고 공포가 나를 덮었도다 … 나를 책망한 자는 원수가 아니라 원수일진대 내가 참았으리라 나를 대하여 자기를 높이는 자가 나를 미워하는 자가 아니라 미워하는 자일진대 내가 그를 피하여 숨었으리라 그가 곧 너로다 나의 동료, 나의 친구요 나의 가까운 친우로다 우리가 같이 재미있게 의논하며 무리와 함께 하여 하나님의 집 안에서 다녔도다 나는 하나님께 부르짖으리니 여호와께서 나를 구원하시리로다(시 55:4-5, 12-14, 16)

하나님은 다윗을 왕으로 선택하셨다. 그는 가족과 친구들이 보는 앞에서 사무엘 선지자의 기름 부음을 받았다. 하나님의 은혜로, 다윗은 목동에서 사울 왕의 참모가 되었다. 다윗은 전쟁터에서 골리앗을 만나서 이스라엘과 그의 아내가 될 사울 왕의 딸을 위해 압도적인 승리를 거두었다. 다윗은 왕의 식탁에서 왕과 함께 먹는 영광을 누렸고 왕궁에 거하게 되었다. 왕의 아들인 요나단은 다윗의 가장 친한 친구가 되었다. 다윗은 사울 왕이 전쟁터에 나갈 때마다 동행했다. 왕위에 오르기 위한 훈련이 거의 끝난 것처럼 보인다. 다윗이 하는 일마다 번성했다. 사람들이 다윗과 사울 왕을 비교하면서 다윗을 더 호의적으로 평가하기 시작한 날까지 다윗은 모든 일이 형통했다. 다윗의 삶 속에 하나님의 손길이 역사하셨기 때문에, 여인들은 "사울의 죽인 자는 천천이요 다윗은 만만이로다"(삼상 18:7)라고 노래했다.

그런데 사울 왕의 본성이 분노와 질투로 나타났다. 사울 왕은 다윗이 그의 왕국에 필요한 사람이었을 때는 다윗을 사랑했지만, 이제는 자기의 왕위를 노리는 자로 보기 시작했다. 자기의 왕좌를 보호하기 위해, 사울 왕은 다윗을 죽이기로 결심한다. 그는 다윗에게 창을 던졌고 도망간 다윗을 찾아 죽이기 위해 군대를 보냈다. 16년 동안, 사울은 광야에서 모든 굴을 찾아 다니며 다윗을 추격했다.

다윗은 '내가 무엇을 잘못했을까?'라고 생각했을 것이다. 다윗은 사울의 거절 때문에 마음에 상처를 받았을 것이다. 다윗은 사울 왕을 사랑하고 존경했을 것이다. 하지만 지금은 하나님께서 다윗을 깨끗하게 하시려고 사울의 광기를 사용하는 중이셨다.

당신은 "사울도 역시 사무엘에게서 기름 부음을 받았다"라고 말할지도 모른다. 그는 분명 하나님의 기름 부음을 받은 자였다. 그러나 기름 부음은 하나님의 온전한 승인이 아니다. 사울은 한 젊은 청년으로 겸손하게 출발했다. 그러나 깨끗하지 않거나 깨어지지 않은 사람들과 마찬가지로, 성공과 권력이 주어지면, 그들 본래의 인격이 드러날 것이다. 하나님의 사람으로 만드는 것은 '기름 부음'이 아니라 '인격'이다.

성경과 전 인류의 역사를 통해서 보면, 성공을 잘 다룰 수 있는 인격이 먼저 형성되지 않아서 성공한 후에 몰락한 사람들이 있다. '인격'은 성령의 열매이며, 열매는 노동의 결과이고 선물은 주어지는 것이다.

열매를 얻기 위해 경작하거나 재배하는 데는 시간이 필요하다. 무엇을 재배하고 열매를 얻으려면 먼저 씨가 땅 속으로 들어가야 하고 죽어야 한다. 반면에, 선물은 재배하는 것이 아니라 주어지는 것이다. 선물은 일시에 나누어 줄 수 있다. 그러므로 속지 마라. 예수님은 참 하나님의 사람을 그분의 '은사'가 아닌 '열매'로 알 수 있다고 말씀하셨다. 사람의 삶에 대한 하나님의 승인은 성령의 은사가 아니라 '성령의 열매'다.

광야는 사람이 정화되고 하나님의 인격이 그 사람 속에서 개발되는 곳이다. '고난과 핍박의 용광로' 속에서 참 하나님의 사람이 만들어진다. 로마서 5장 3-4절은 다음과 같이 말한다.

"… 우리가 환난 중에도 즐거워하나니 이는 환난은 인내를, 인내는 연단을, 연단은 소망을 이루는 줄 앎이로다."

하나님께서 다윗의 삶을 승인하신 것은 왕국에 합한 자가 아니라 하나님의 마음에 합한 자였기 때문이다. 사울 왕은 온전케 하는 광야를 통과한 적이 없다. 그렇기 때문에, 그는 자아가 깨어지지 않고 불안정한 상태로 남아 있는 것이다. 그러나 하나님은 사울 왕을 사용해서 다윗을 광야로 보내셨다.

하나님께서 그분의 종들을 연단하기 위해서 사용하시는 다른 도구는 세상적인 방법, 미성숙한 성도들, 가족이다. 요셉과 형제들과의 관계는 이것의 전형적인 실례다.

요셉은 노년에 얻은 아들이므로 이스라엘이 여러 아들들보다 그를 더 사랑하므로 그를 위하여 채색옷을 지었더니 그의 형들이 아버지가 형들보다 그를 더

> 사랑함을 보고 그를 미워하여 그에게 편안하게 말할 수가 없었더라 요셉이 꿈을 꾸고 자기 형들에게 말하매 그들이 그를 더욱 미워하였더라(창 37:3-5)

후에 이스라엘 열두 지파의 족장이 된 요셉의 형들은 동생을 시기했다. 요셉은 아버지와 어머니와 열한 형제가 자기에게 절하는 꿈을 꾸었다. 요셉은 형들에게 이 꿈을 이야기해 주었는데, 바로 이것이 그들의 마음에 요셉에 대한 미움을 일으키게 되었다.

형들은 양 떼를 치러 들판으로 나갔다. 얼마 후에 야곱은 그들이 어떻게 하고 있는지 알아보려고 요셉을 보냈다.

> 요셉이 그들에게 가까이 오기 전에 그들이 요셉을 멀리서 보고 죽이기를 꾀하여 서로 이르되 꿈 꾸는 자가 오는도다 자, 그를 죽여 한 구덩이에 던지고 우리가 말하기를 악한 짐승이 그를 잡아먹었다 하자 그의 꿈이 어떻게 되는지를 우리가 볼 것이니라 하는지라(창 37:18-20)

형들은 요셉을 시기했으며, 그들은(하나님께서 꿈으로 요셉에게 보여주신) 그 예언이 성취되기 위한 하나님의 도구로 사용되고 있다는 것을 깨닫지 못하고, 요셉의 삶 위에 하나님의 부르심이 성공적으로 성취되는 것을 막으려고 했다.

하루는 나에게 주님이 이렇게 말씀하셨다.

"아들아, 네가 나에게 순종하는 한 어떤 사람이나 마귀도 너를 나의 뜻에서 벗어나게 할 수 없단다. 나의 뜻에서 너를 벗어나게 할 수 있는 자는 너뿐이란다."

화난 형들이 해를 끼치려고 했던 것을 하나님은 꿈을 성취하기 위한 도구로 사용하셨다. 형들이 요셉을 구덩이에 던져 넣고 앉아서 음식을 먹으려고 할 때에, 애굽으로 가는 이스마엘 상인들이 오는 것을 보았다.

> 유다가 자기 형제에게 이르되 우리가 우리 동생을 죽이고 그의 피를 덮어둔들 무엇이 유익할까 자 그를 이스마엘 사람들에게 팔고 그에게 우리 손을 대지 말자 그는 우리의 동생이요 우리의 혈육이니라 하매 그의 형제들이 청종하였더라 그 때에 미디안 사람 상인들이 지나가고 있는지라 형들이 요셉을 구덩이에서 끌어올리고 은 이십에 그를 이스마엘 사람들에게 팔매 그 상인들이 요셉을 데리고 애굽으로 갔더라(창 37:26-28)

요셉은 애굽으로 가서 바로 왕의 신하인 보디발의 집에 팔렸다. 요셉은 보디발의 종이 되었다. 하나님께서 요셉을 축복하셨으므로 요셉은 주인의 호의를 얻게 되었다. 보디발의 집에서 요셉의 지위가 안정되자, 보디발의 아내가 요셉에게 유혹의 눈짓을 보내기 시작했다. 그녀는 요셉과 동침하기를 원했다. 그러나 요셉은 "내가 어찌 이 큰 악을 행하여 하나님께 득죄하리이까?"라고 말하며 거절했다.

그러던 어느 날 요셉이 시무하러 갔을 때, 집에는 그녀 혼자 있었다. 보디발의 아내가 요셉의 옷을 잡고 동침을 요구하자, 요셉은 자기 옷을 벗어 버리고 도망했다. 경멸을 느낀 보디발의 아내는 남편에게 요셉이 자기를 강간하려 했다고 거짓말을 했다. 그러자 보디발은 요셉을 바로의 감옥에 가두었다. 요셉은 보디발의 가정을 보호하고 있었다. 요셉은 보디발의 가정 총무로 그 가정을 번성케 하고, 충실하게 일했다.

요셉이 하나님을 따르려고 하면 할수록 그의 형편은 더욱 더 악화되는 것 같다. 외견상으로는 그의 형들이 요셉을 애굽으로 보냈기 때문에 형들의 잘못이다. 이곳이 바로 요셉의 광야다. 요셉은 형들에게 복수할 계획을 세우면서 애굽에서 세월을 보낼 수도 있었다. 이 기간이 무려 13년이다. 모든 소망은 사라졌다. 어찌 이 꿈이 성취될 수가 있단 말인가? 그러나 요셉은 하나님의 그릇이 되기 위한 준비 과정 중에 있었다.

어떤 사람들은 별로 심각한 상태에 있지도 않으면서 "내가 이 광야에 있는 것은 목회자, 가족, 친구들, 배우자 때문입니다. 내 삶에 있어 내가 하나님의 부르심을 성취하지 못하는 것은 그들의 탓입니다"라고 토로한다.

그러나 하나님은 요셉의 처지를 이렇게 설명해 주신다.

> 그가 한 사람을 앞서 보내셨음이여 요셉이 종으로 팔렸도다 그의 발은 차고를 차고 그의 몸은 쇠사슬에 매였으니 곧 여호와의 말씀이 응할 때까지라 그의 말씀이 그를 단련하였도다(시 105:17-19)

하나님께서 요셉을 그의 형제들보다 앞서 애굽으로 보낸 장본인이라고 말씀하신다. 하나님은 요셉이 꿈을 성취할 수 있게 하시며 앞으로 다가올 기근을 통해 가족들은 물론이고 애굽을 구원하는 지도자가 될 수 있도록 요셉을 연단하시기 위해 형들의 분노를 사용하셨다. 하나님의 말씀이 임한 것은 요셉이 감옥에서 고통 중에 있을 때다.

당신은 광야를 찾을 필요가 없다. 그 이유는 하나님께서 당신을 광야로 인도해 주시기 때문이다. 광야는 당신이 시험(연단)을 받는 곳이다. 시편 105장 19절을 주의해서 보기 바란다.

"곧 여호와의 말씀이 응할 때까지라 그의 말씀이 그를 단련하였도다."

아마도 하나님께서 당신에게 사명을 위해서 꿈과 비전을 보여 주셨을 것이다. 당신을 위해서 세우신 계획들을 당신에게 말씀하셨는지도 모른다. 그러나 당신이 더욱 하나님을 찾고 하나님의 말씀에 순종하려고 하면 할수록, 하나님께서 당신의 마음에 부어 주신 그 꿈이 점점 더 멀어지는 것처럼 보일 것이다. 당신은 하나님께서 주신 그 꿈과 정반대 방향으로 가고 있는데, 다른 사람들은 목회 사역(혹은 삶의 다른 분야)에서 잘 나가는 것 같을 것이다. 아마도 당신은 최선을 다해 모든 일을 하고 있을 것이다. 당신 주위에는 세상적이며 하나님을 찾지도 않는데, 번성하고 성공하는 사람들이 있을 수도 있다. 그들은 재정적으로, 사회적으로 '축복'을 받은 사람들이다. 아첨이나 속임수로 성공한 사람들도 있을 것이다. 당신이 바로 왕의 지하 감옥에 묶여 있는 동안에, 거짓말과 속임수로 부정직하게 일을 하는데도 불구하고 복을 받는 것같이 보이는 사람들이 있을지도 모른다. 이것을 어떻게 생각할 것인가? 불평할 것인가? 하나님께서 이것에 대해 말씀하시는 것을 살펴보기 바란다.

여호와가 이르노라 너희가 완악한 말로 나를 대적하고도 이르기를 우리가 무슨 말로 주를 대적하였나이까 하는도다 이는 너희가 말하기를 하나님을 섬기는 것이 헛되니 만군의 여호와 앞에서 그 명령을 지키며 슬프게 행하는 것이 무엇이 유익하리요 지금 우리는 교만한 자가 복되다 하며 악을 행하는 자가 번성하며 하나님을 시험하는 자가 화를 면한다 하노라 함이라(말 3:13-15)

이 말씀에서 불평하는 자들이 어떻게 말하는가? 그들은 "우리는 잘 되는 것이 하나도 없는데, 우리가 하나님의 말씀에 순종하는 것이 무슨 유익이 있습니까? 번성하는 자는 우리가 아니라, 악을 행하는 자들입니다"(저자의 의역)라고 말하고 있다.

하나님은 이것을 완악한 말이라 하시고, 하나님을 대적하는 것으로 보셨다. 좀더 쉽게 말하면, 그것은 원망하고 불평하는 것이다.

하나님은 누가 하나님을 추구하며, 누가 자기 이익을 추구하는가를 찾아내실 것이다. 사람들이 축복이라고 부르는 것과 진정한 축복은 전혀 다르다. 어떤 축복은 당신의 태도(마음)가 바르지 않으면, 오래 지속되지 않는다. 하나님께서 교만한 자들(그들의 복)을 어떻게 할 것이라고 말씀하셨는지를 확인해 보라.

너의 제사장들아 이제 너희에게 이같이 명령하노라 만군의 여호와가 이르노라 너희가 만일 듣지 아니하며 마음에 두지 아니하여 내 이름을 영화롭게 하지 아니하면 내가 너희에게 저주를 내려 너희의 복을 저주하리라 내가 이미 저주하였나니 이는 너희가 그것을 마음에 두지 아니하였음이니라(말 2:1-2)

우리의 유업은 어떤 물질이나 직분으로 형성되지 않는다. 우리의 유업은 바로 하나님이시다.

에스겔 44장 28절은 말한다.

"그들에게는(충성으로 하나님을 섬기는 제사장들) 기업이 있으니 내가 곧 그 기업이라 너희는 이스라엘 가운데에서 그들에게 산업을 주지 말라 내가 그 산업이 됨이라."

많은 교인이 참 유업에서 눈을 떼고, 대신에 물질이나 직분에 눈을 돌린다. 그런 물질이나 직분도 하나님께서 주셨는지도 모른다. 그러나 그것은 마치 선물을 주시는 아버지보다 아버지가 주시는 선물에만 관심을 가지는 아들과 같다.

나에게는 세 아들이 있다. 나는 그들에게 선물 주는 것을 무척 좋아한다. 만약 그들이 나를 좋아하는 이유가 단지 자기들이 원하는 것을 얻기 위해서라면, 나는 마음에 상처를 받을 것이다. 말라기가 계속해서 말하는 것을 보기 바란다.

> 그 때에 여호와를 경외하는 자들이 피차에 말하매 여호와께서 그것을 분명히 들으시고 여호와를 경외하는 자와 그 이름을 존중히 여기는 자를 위하여 여호와 앞에 있는 기념책에 기록하셨느니라(말 3:16)

이들은 직위나 인정이나 물질을 추구하는 사람들이 아니다. 그들은 하나님의 마음을 추구한다. 하나님을 알고자 하는 열망이 뜨겁다. 당신은 그들에게 사회적인 것이나 사업적인 것을 이야기할 수 있겠지만, 그들에게 하나님에 대해서, 하나님께서 말씀하시는 것에 대해서 이야기할 때, 그들의 마음은 뜨거워질 것이다.

이들은 누가가 "그들이 서로 말하되 길에서 우리에게 말씀하시고 우리에게 성경을 풀어 주실 때에 우리 속에서 마음이 뜨겁지 아니하더냐"(눅 24:32)라고 말한 사람들이다.

그들의 갈망은 성령이 주시는 것에 집중되어 있다. 그들은 "나는 하나님만 알기 원합니다. 하나님만을 기쁘시게 하기 원합니다. 나는 하나님의 말씀에 굶주리고 갈증을 느낍니다. 하나님은 나의 기쁨의 근원이시기 때문에, 하나님의 기쁨이 되기를 원합니다"라고 고백한다.

그것이 전부다. 그들의 첫 사랑은 목회가 아니라 예수님이다. 그들은 사막 한가운데 있든지, 수백만 명 앞에서 설교를 하든지 상관하지 않는다.

이제 사울 왕과 다윗 왕의 차이를 쉽게 볼 수 있다. 사울은 왕좌를 추구했던 반면에 다윗은 '하나님을 갈망'했다. 두 사람 모두 시험을 받았다. 시험받을 때 그들 마음의 참 동기가 밝혀졌다. 다윗의 아들, 압살롬이 아버지의 왕좌를 빼앗으려고 반란을 일으켰을 때, 다윗의 반응은 다음과 같았다.

"만약 하나님이 나와의 관계를 끝내셨다면, 압살롬으로 하여금 왕위를 차지하게 하라. 그러나 만약 하나님이 아직 나와 끝을 내지 않으셨다면 하나님이 나를 왕위로 복귀시켜 주실 것이다"(삼하 15:25, 저자 의역).

이와 비슷한 환경에 처했던 사울의 행동을 보자. 사울은 다윗이 자기의 왕좌를 차지할지도 모른다는 단순한 의심 때문에 왕좌를 지키기 위해 삼천 명의 군대를 동원하여 그 젊은 사람을 추격하는 데 10년의 시간을 낭비했다.

나는 '낭비했다'라는 단어를 사용했다. 왜냐하면, 만약 우리가 하나님의 계획과 같은 필연적인 것들을 피하기 위해 수고한다면, 우리의 수고는 헛된 것이기 때문이다. 사울은 하나님의 마음이 아니라 직위를 따라 갔다. 사울은 자신이 받은 '축복들'을 보호하기 위해 그의 생애를 바쳤다. 서글픈 일은 하나님께서 사울을 왕위에 앉히셨지만, 사울은 왕위를 주신 하나님보다 그 왕위를 더 사랑했다.

말라기가 말한 것을 다시 한 번 보기 바란다.

"… 여호와를 경외하는 자와 그 이름을 존중히 여기는 자를 위하여 여호와 앞에 있는 기념책에 기록하셨느니라."

하나님은 메마른 시절에도 하나님께 충성하는 마음을 가진 자들을 찾으신다. 하나님께서 그들을 찾으시면, 그들의 이름과 그들이 부르짖는 것을 기념책에 기록하신다. 그들이 갈망하는 것을 그들에게 주시기 위함이다. 그러나 전에 말씀한 바와 같이, 육신적인 사람들과 속이는 자들이 항상 먼저 와서 진실한 사람들을 박해한다. 그러나 진실한 사람들이 하나님의 약속을 향해 나아가고 있는 것 같지 않을 때도, 그들은 하나님과 약속을 맺었기 때문에 하나님은 그들을 기념책에 기록하신다고 말씀하신다. 하나님의 성전을 영화롭게 하기 위해 성전에 오시는 날을 '그날'이라고 부른다.

이사야 60장 7절은 "… 내가 내 영광의 집을 영화롭게 하리라"고 선포한다.

계속해서 말라기가 말하는 것을 읽어 보자.

> 만군의 여호와가 이르노라 보라 용광로 불 같은 날이 이르리니 교만한 자와 악을 행하는 자는 다 지푸라기 같을 것이라 그 이르는 날에 그들을 살라 그 뿌리

와 가지를 남기지 아니할 것이로되 내 이름을 경외하는 너희에게는(이들은 메마른 때에도 서로 피차에 말하는 사람들이다) 공의로운 해가 떠올라서 치료하는 광선을 비추리니(호세아가 말한 것을 기억하라 '오라 우리가 여호와께로 돌아가자 여호와께서 우리를 찢으셨으나 도로 낫게 하실 것이요 우리를 치셨으나 싸매어 주실 것임이라, (호 6:1)) 너희가 나가서 외양간에서 나온 송아지 같이 뛰리라 또 너희가 악인을 밟을 것이니 그들이 내가 정한 날에 너희 발바닥 밑에 재와 같으리라 만군의 여호와의 말이니라(말 4:1-3)

마지막 구절을 다시 한 번 자세히 보기 바란다. 하나님은 하나님을 경외하는 자들이 일어나 나가서 악인들을 멸할 것이니 그들이 공의로운 자들의 발바닥 밑에 재와 같으리라고 말씀하신다. 여기에 모든 것을 묶어 주는 두 가지 중요한 논점이 있다.

첫째, 연단받은 자들에게는 공의로운 해가 떠오를 것이다. '공의로운 해'는 '소멸하시는 불'이신 우리 하나님이시다. 이사야 60장 1절은 "일어나라 빛을 발하라 이는 네 빛이 이르렀고 여호와의 영광이 네 위에 임하였음이니라"고 말한다. 여호와의 영광은 소멸하는 불이다. 그리고 그 불은 하나님 앞에 오는 어떤 교만이나 악의도 소멸할 것이다. 그 영광이 너희에게 떠오를 것이라고 말씀하시는 것을 주의해서 보라.

왜 빛을 발하는가?

고린도후서 4장 6-7절은 다음과 같이 대답한다.

"어두운 데서 빛이 비치라 말씀하셨던 그 하나님께서 예수 그리스도의 얼굴에 있는 하나님의 영광을 아는 빛을 우리 마음에 비추셨느니라 우리가 이 보배를 질그릇에 가졌으니 이는 심히 큰 능력은 하나님께 있고 우리에게 있지 아니함을 알게 하려 함이라."

우리는 하나님의 영광을 우리의 질그릇에 가지고 있다. 그런데 왜 그 영광이 나타나지 않는가? 대답은 그 그릇이 아직 깨끗해지지 않았기 때문이다. 정화(연단)의 장에서 배운 것을 상기해 보면, 하나님에 의해서 정화된 금 그릇은 투명하다. 말라기 선지자는 말라기서 3장과 4장에서 하나님은 성전에 불로 오셔서 하나님을 경외하는 자들을 정화하실 것이라고 말한다. 그러나 그들이 정화된 후에는 투명한 그릇이 되었기 때문에, 그들을 정화한 불이 그들 안에 떠올라서 주위에 있는 교만한 자들과 악인들을 소멸할 것이다.

둘째, 우리의 적은 육과 혈이 아니라 악한 영들이라는 것을 인식해야 한다. 많은 사람이 자기의 삶 속에서 교만과 악의를 보고 그것들을 버릴 것이다. 그러나 자신의 교만과 악의를 회개하기를 거부하는 사람들도 있다. 그들은 죄를 사랑하기 때문에 그 죄가 심판받을 때, 그 죄와 함께 심판을 받게 될 것이다. 그들은 하나님의 길이 아니라 그들의 길을 선택했다.

"어떤 길은 사람이 보기에 바르나 필경은 사망의 길이니라"(잠 14:12).

그렇기 때문에 하나님은 심판하러 오시기 전에 '그 길을 준비'하기 위해서 선지자들을 보내신다. 악인들은 의인들의 발바닥 밑에 재와 같다고 하나님은 말씀하신다. 재는 무엇인가? 불에 타고 남은 것이다.

이사야 4장 3-6절이다.

시온에 남아 있는 자, 예루살렘에 머물러 있는 자 곧 예루살렘 안에 생존한 자

중 기록된 모든 사람은 거룩하다 칭함을 얻으리니 이는 주께서 심판하는 영과 소멸하는 영으로 시온의 딸들의 더러움을 씻기시며 예루살렘의 피를 그 중에서 청결하게 하실 때가 됨이라 여호와께서 거하시는 온 시온 산과 모든 집회 위에 낮이면 구름과 연기, 밤이면 화염의 빛을 만드시고 그 모든 영광 위에 덮개를 두시며 또 초막이 있어서 낮에는 더위를 피하는 그늘을 지으며 또 풍우를 피하여 숨는 곳이 되리라

이것이 요점이다. 하나님의 영광이 교회에 나타나시기 전에, 하나님은 심판하는 영과 소멸하는 영으로 교회를 정결하게 하실 것이다. 그런 다음에 교회는 이 세상에서 악의 폭풍을 피해 숨는 곳이 될 것이다.

우리는 이것을 요셉을 통해서 볼 수 있다. 시편 105편 19절을 다시 한 번 보면, "곧 여호와의 말씀이 응할 때까지라 그 말씀이 그를 단련하였도다." 요셉은 단련을 받아서 하나님께서 처음 꿈 속에서 계시해 주신 것을 이룰 수 있는 그릇이 되었다. 하나님은 소멸하는 영으로 모든 불순물을 제거하셨다. 요셉은 하나님의 영으로 바로의 꿈을 해석해 주었다. 그래서 바로 왕에 의해서 하루 만에 감옥에서 석방되었다.

요셉은 이 땅에 7년의 풍년이 있은 후에 7년의 흉년이 들 것이라고 바로에게 말해 주었다. 바로 왕은 하루아침에 요셉을 애굽의 '2인자'로 만들었다. 7년의 흉년이 시작되었을 때, 요셉을 통해 나타내신 하나님의 지혜 덕분에, 애굽의 창고에는 곡식이 풍성했다.

야곱이 애굽에 곡식이 있다는 소식을 듣고, 요셉을 구덩이에 던지고 종으로 팔았던 그 아들들을 애굽으로 보냈다. 만약 요셉이 복수심으로 용서하지 않고 화를 품고 있었다면, 자기의 형들을 다 죽였을 것

이다. 그러나 요셉은 그의 가족에게 피난처가 되었다. 요셉이 그 형들에게 한 말을 들어 보자.

> 요셉이 형들에게 이르되 내게로 가까이 오소서 그들이 가까이 가니 이르되 나는 당신들의 아우 요셉이니 당신들이 애굽에 판 자라 당신들이 나를 이 곳에 팔았다고 해서 근심하지 마소서 한탄하지 마소서 하나님이 생명을 구원하시려고 나를 당신들보다 먼저 보내셨나이다 이 땅에 이 년 동안 흉년이 들었으나 아직 오 년은 밭갈이도 못하고 추수도 못할지라 하나님이 큰 구원으로 당신들의 생명을 보존하고 당신들의 후손을 세상에 두시려고 나를 당신들 보다 먼저 보내셨나니 그런즉 나를 이리로 보낸 이는 당신들이 아니요 하나님이시라 하나님이 나를 바로에게 아버지로 삼으시며 그 온 집의 주로 삼으시며 애굽 온 땅의 통치자를 삼으셨나이다(창 45:4-8)

요셉은 자기를 종으로 팔아 버린 형들에게 복수하는 대신에 그들에게 음식과 숙소를 마련해 주었다. 요셉은 악을 선으로 갚았다. 요셉의 형들의 삶은 변화되었고, 요셉의 삶 속에서 역사하신 하나님의 인격에 의해서 그들의 시기와 악의는 완전히 소멸되었다.

다윗 왕을 보면 그 마지막이 다르다. 사울은 심판을 받아 죽었다. 그는 회개하지 않았고, 더욱 악한 속임수를 썼다. 그러나 사울의 죽음에 대한 다윗의 반응은 다음과 같다.

> 이에 다윗이 자기 옷을 잡아 찢으매 함께 있는 모든 사람도 그리하고 사울과 그 아들 요나단과 여호와의 백성과 이스라엘 족속이 칼에 죽음으로 말미암아

저녁 때까지 슬퍼하여 울며 금식하니라(삼하 1:11-12)

다윗은 유다 족속에게 '복종의 노래'를 가르쳤다. 다윗은 한때 하나님을 섬긴 사울의 죽음을 기뻐하지 않았고, 또한 자기를 죽이려고 몇 년을 소비한 그의 죽음을 슬퍼하기까지 했다. 어떻게 다윗은 이렇게 할 수 있었는가? 다윗은 고난의 용광로 속에서 연단받고 깨끗해진 자아가 완전히 깨어진 사람이기 때문이다.

당신은 지금 그 불 속을 지나고 있는 중인지도 모른다. 당신 주위에서, 당신을 사랑한다고 생각했던 사람들이 오히려 당신에게 해를 끼치는 것 같다. 당신은 어떻게 반응할 것인가? 당신 스스로 방어나 복수를 할 것인가, 아니면 하나님에게 맡길 것인가? 당신은 하나님의 사랑 안에 당신 스스로를 지킬 것인가? 다음과 같이 말한 다윗처럼 되고 싶지는 않은가?

> 불의한 증인들이 일어나서 내가 알지 못하는 일로 내게 질문하며 내게 선을 악으로 갚아 나의 영혼을 외롭게 하나 나는 그들이 병 들었을 때에 굵은 베 옷을 입으며 금식하여 내 영혼을 괴롭게 하였더니 내 기도가 내 품으로 돌아왔도다 내가 나의 친구와 형제에게 행함 같이 그들에게 행하였으며 내가 몸을 굽히고 슬퍼하기를 어머니를 곡함 같이 하였도다(시 35:11-14)

너희를 박해하는 자를 축복하라 축복하고 저주하지 말라 … 아무에게도 악을 악으로 갚지 말고 모든 사람 앞에서 선한 일을 도모하라 … 내 사랑하는 자들아 너희가 친히 원수를 갚지 말고 하나님의 진노하심에 맡기라 기록되었으되

> 원수 갚는 것이 내게 있으니 내가 갚으리라고 주께서 말씀하시니라 네 원수가 주리거든 먹이고 목마르거든 마시게 하라 그리함으로 네가 숯불을 그 머리에 쌓아 놓으리라 악에게 지지 말고 선으로 악을 이기라 (롬 12:14, 17, 19-21)

원수 갚는 것은 우리의 몫이 아니라 하나님의 것이다. 우리는 요셉과 같이 선으로 악을 이겨야 한다. 앙심과 용서하지 못함과 헛소문과 중상, 투쟁으로 원수를 갚지 말고, 하나님의 사랑으로 옷 입으라. 사랑은 허다한 죄를 덮는다.

· Part ·
4

준비의 때

외치는 자의 소리여 이르되 너희는 광야에서 여호와의 길을 예비하라 사막에서 우리 하나님의 대로를 평탄하게 하라. 골짜기마다 돋우어지며 산마다, 언덕마다 낮아지며 고르지 아니한 곳이 평탄하게 되며 험한 곳이 평지가 될 것이요 여호와의 영광이 나타나고 모든 육체가 그것을 함께 보리라 대저 여호와의 입이 말씀하셨느니라 말하는 자의 소리여 이르되 외치라 대답하되 내가 무엇이라 외치리이까 이르되 모든 육체는 풀이요 그의 모든 아름다움은 들의 꽃 같으니 풀은 마르고 꽃은 시듦은 여호와의 기운이 그 위에 붊이라 이 백성은 실로 풀이로다 풀은 마르고 꽃은 시드나 우리 하나님의 말씀은 영원히 서리라 하라(사 40:3-8)

Victory in the Wilderness

Growing Strong in Dry Times

제12장
주의 길을 예비하라

당신이 현재 있는 곳이, 당신에게
가장 중요한 부분이다.

외치는 자의 소리여 이르되 너희는 광야에서 여호와의 길을 예비하라 사막에서 우리 하나님의 대로를 평탄하게 하라 골짜기마다 돋우어지며 산마다, 언덕마다 낮아지며 고르지 아니한 곳이 평탄하게 되며 험한 곳이 평지가 될 것이요 여호와의 영광이 나타나고 모든 육체가 그것을 함께 보리라 이는 여호와의 입이 말씀하셨느니라 말하는 자의 소리여 이르되 외치라 대답하되 내가 무엇이라 외치리이까 이르되 모든 육체는 풀이요 그 모든 아름다움은 들의 꽃과 같으니 풀은 마르고 꽃이 시듦은 여호와의 기운이 그 위에 붊이라 이 백성은 실로 풀이로다 풀은 마르고 꽃은 시드나 우리 하나님의 말씀은 영원히 서리라 하라
(사 40:3-8)

광야(사막)는 주님의 길이 준비되는 곳이다. 산마다 낮아지며 골짜기마다 돋우어지는 곳이다. 성경에 보면, 산은 사람의 힘을 상징한다.

"이는 아무 육체도 하나님 앞에서 자랑하지 못하게 하려 하심이라" (고전 1:29).

인간은 하나님의 약속을 이룰 수 없다. 인간은 그 의도가 아무리 선할지라도, 하나님께서 개입하지 않으시면 영원한 가치가 있는 일은 아무것도 할 수가 없다. 설사 예수님의 이름으로 할지라도 말이다. 예수님은 말씀하셨다.

"아들이 아버지의 하시는 일을 보지 않고는 아무 것도 스스로 할 수 없나니 아버지께서 행하시는 그것을 아들도 그와 같이 행하느니라"(요 5:19).

놀라운 말씀이다. 예수님도 스스로는 아무것도 할 수 없다고 말씀하셨다.

예수님은 베다니에 살고 있는 나사로와 그의 두 누이, 마르다와 마리아를 사랑하셨다. 나사로가 중병에 걸렸을 때 요한복음 11장 3-6절은 다음과 같이 말한다.

"이에 그 누이들이 예수께 사람을 보내어 이르되 주여 보시옵소서 사랑하시는 자가 병들었나이다 하니 예수께서 들으시고 이르시되 이 병은 죽을 병이 아니라 하나님의 영광을 위함이요 하나님의 아들이 이로 말미암아 영광을 받게 하려 함이라 하시더라 예수께서 본래 마르다와 그 동생과 나사로를 사랑하시더니 나사로가 병들었다 함을 들으시고 그 계시던 곳에 이틀을 더 유하시고."

예수님은 나사로를 사랑하셨고, 그를 친구로 여기셨다. 그러나 우리는 예수님이 이틀 동안 아무것도 하지 않으신 것을 볼 수 있다. 왜 예수님은 즉시 베다니로 가시지 않았을까? 하나님께서 예수님을 즉시

가시도록 인도하지 않으셨기 때문이다. 예수님은 성령님이 움직일 때까지 기다리셨다.

만약 나사로가 내 사랑하는 친구들 중에 하나였다면, 나는 하나님의 인도하심을 구하지도 않고 성령님을 바라볼 생각도 하지 않고, 즉시 친구에게 가서 손을 얹고 기도했을 것이다.

우리는 교회 안에서 "내가 어디든지 가면, 하나님은 가실 것이다. 그리고 내가 하나님께 부탁하면 하나님은 행하실 것이다"라는 사고방식을 가지고 있다. 이것은 잘못된 사고방식이다. 어디로 가실지는 하나님께서 결정하신다. 만약 우리가 따라가면, 하나님은 우리에게 무엇을 할 것인지를 말씀하실 것이다. 성령님의 인도하심 없이도 우리가 아픈 사람에게 손을 얹고 기도하면, 하나님은 그 순간에 모든 병자를 치료해줄 의무가 있다고 우리는 생각해 왔다. 만약 이것이 진실이라면, 우리는 모든 병원에 가서 환자들을 모두 퇴원시켜야 할 것이다.

성경의 많은 구절은 "예수께서 모든 병자를 고치시니라"고 말한다. 그러나 이것이 보편적인 현상은 아니었다. 예를 들면, 예수님이 베데스다 연못가에서 38년 된 병자를 고쳐주실 때, 왜 그곳에 있던 모든 병자, 맹인, 다리 저는 사람, 중풍병자를 고쳐주시지 않았을까?(요 5장) 왜 예수님은 그때 오직 한 사람만 고쳐주셨을까?

나면서부터 앉은뱅이 된 사람이 있었다. 사람들이 날마다 성전 문 앞에 데려다 놓았다. 예수님은 성전에 들어가실 때마다 분명히 그 사람을 지나가셨을 것이다. 왜 예수님은 그 사람을 치료해 주시지 않으셨을까? 그 이유는 아버지 하나님께서 그렇게 하라고 말씀하지 않으셨기 때문이다. 그 후에 베드로와 요한이 성전으로 들어가는 길에(성령의 인도로) 이 사람을 고쳐주었다. 그 결과 부흥의 역사가 일어났다 (행 3장).

예수님이 사역하실 때, 정해진 공식같은 것은 없었다. 어떤 사람에게는 침을 바르셨고, 어떤 사람에게는 안수하셨고, 또 어떤 사람들에게는 단지 말씀만 하셨다. 또 다른 사람들을 위해서는 진흙을 이겨 눈에 발라주셨다. 그리고 그들을 제사장들에게 보내셨다.

왜 여러 가지 방법을 사용하셨을까? 예수님은 아버지 하나님께서 하시는 것을 본 그대로 하셨기 때문이다. 하나님은 각 개인이 치유받을 수 있는 완전한 시간과 방법을 알고 계셨다.

이것이 바로 하나님께서 그분의 종들에게 원하시는 것이다. 자기가 해야 할 일이라 생각하는 것이나 자기들이 하기를 원하는 것이 아니라, 오직 하나님이 하시는 것을 본 대로 행할 곳으로 인도하기를 원하신다.

예수님은 요한복음 20장 21절에서 "… 아버지께서 나를 보내신 것 같이 나도 너희를 보내노라"고 말씀하셨다. 예수님이 아버지께서 하시는 것을 본 것을 제외하고는 아무것도 하지 않으신 것처럼 우리들도 주님이 하시는 것을 본 대로만 해야 한다. 우리는 오직 성령님의 인도함을 받아, 오직 주님만이 우리를 인도하시는 대로 살면서 주님과 같이 행동해야 한다. 이를 위해서는 우리의 육신이 하나님의 성령에 복종할 것을 요구한다. 이러한 성령의 인도함을 받는 삶을 위한 훈련장이 바로 광야다. 일찍이 말한 바와 같이, 광야는 하나님의 길이 준비되는 곳이다.

말세에 그리스도의 몸 안에는 전임 사역자로 소명을 받은 자들이 많이 있지만, 하나님은 그들을 보내시기 전에 준비의 시간을 위해 광야로 인도하실 것이다. 광야에서 육신은 십자가에 못 박히고 주님의 길은 준비된다. 모세의 삶을 보기 바란다.

> 나이 사십이 되매 그 형제 이스라엘 자손을 돌볼 생각이 나더니 한 사람의 원통한 일 당함을 보고 보호하여 압제 받는 자를 위하여 원수를 갚아 애굽 사람을 쳐 죽이니라 그는 그의 형제들이 하나님께서 자기의 손을 통하여 구원해 주시는 것을 깨달으리라고 생각하였으나 그들이 깨닫지 못하였더라 (행 7:23-25)

나이 40세가 되었을 때, 모세는 이스라엘 백성을 애굽의 노예생활에서 해방시키기 위하여 부름받았다는 것을 알았다. 그는 왕자로 양육받았고, 애굽의 지혜와 지식으로 교육받았다. 그 당시 애굽은 지구상에서 가장 위대한 나라였다. 어떤 나라도 애굽보다 앞서지 못했다. 이스라엘뿐만 아니라 애굽까지도 인도할 자격을 갖춘 사람이 있다면, 바로 모세였다.

모세는 지도자로서의 능력과 이스라엘에 대한 충성심을 보여 줄 의도로, 이스라엘 사람을 박해하는 애굽 사람을 죽였다. 이러한 방법으로 자신을 확인시키려고 한 시도는 실패했고, 우리는 자신의 생명을 구하기 위해 미디안으로 도망치는 하나님의 '능력의 구원자'를 보게 된다.

모세는 광야의 뒤편에서 다른 사람의 양을 치면서 지내고 있었다. 2, 3년이 아니라 장장 40년이다! 왜 하나님의 부르심을 받은 사람이 광야에서 40년을 허송세월하고 있는가?

하나님은 육신의 산을 낮추시며, 비뚤어진 곳은 바르게, 거친 곳은 평탄하게 하고 계셨다. 주의 길이 준비되고 있었다.

모세가 40년의 연단을 겸손하게 견뎠을 때, 하나님께서 나타나셨다.

> 이제 내가 너를 바로에게 보내어 너에게 내 백성 이스라엘 자손을 애굽에서 인도하여 내게 하리라 모세가 하나님께 아뢰되 내가 누구이기에 바로에게 가며 이스라엘 자손을 애굽에서 인도하여 내리이까(출 3:10-11)

이 말씀에서 말하는 모세는 40년 전에 하나님의 지시도 없이, 이스라엘을 구원하려고 했던 그 모세인가? 여기서는 애굽으로 가라는 사명을 주시는 하나님의 임재 앞에서 두려움에 떨고 서 있는 모세를 볼 수 있다. 모세는 만약 하나님께서 상관하지 않으시면, 다시 비참하게 실패할 것을 알 정도로 겸손해졌다. 한때, 구원자로서 거절당한 경험을 했던 모세는 지금 자기를 인정해 주실 하나님을 바라보고 있다.

첫 번째 시도는 모세 자신의 능력으로 하려고 했던 것이다. 비록 소명에 응답하려는 것이었지만, 그것은 모세의 방법이었다. 애굽의 위대한 지혜도 모세를 준비시킬 수가 없었다(애굽은 세상 제도를 상징한다. 그리고 세상의 지혜로는 하나님께서 우리에게 맡기신 그 사명을 감당할 수 없다). 앞에 놓여 있는 사명을 위해서 모세를 준비시킨 곳은 메마르고 외로운 광야의 한 모퉁이였다. 지금 모세는 하나님의 방법으로 이스라엘을 구원할 준비가 되었다.

"내가 너를 보내리라"고 하신 하나님의 말씀을 주의해서 보라. 40년 전에는 모세 스스로 나섰지만, 지금은 하나님께서 모세를 보내신다.

1979년, 나는 대학교 남학생 동우회 기숙사에 있는 동안 거듭남을 체험했고, 4개월 후에는 성령 충만을 체험했다. 하나님은 사역을 위해서 나를 훈련하기 시작하셨다. 나는 사역에 연관된 것은 어떤 것도 원치 않았다. 내가 만난 목회자들은 삶의 활기가 없는 것처럼 보였다. 별스러운 자녀들이 있고, 낡고 더러운 집에 사는 무식한 사람들로 보였다. 나는 좋은 목회자들을 만난 적이 없었다. 사역에 관한 나의 생각은 비뚤어져 있었다. 목회자가 된다는 것은 저들처럼 되거나 아프리카에서 신발도 없이 오두막집에서 사는 것이라고 생각했다.

　그 당시 나의 계획은 퍼듀 대학에서 기계공학과를 마치고, 하버드 대학에서 경영학 석사 과정을 마치는 것이었다. 그러나 4개월 후, 어느 주일 아침에 교회에 앉아 있을 때, 성령님이 오셔서 아주 엄격하게 말씀하셨다.

　"내가 복음을 전파하라고 너를 불렀다. 너는 어떻게 할 것이냐."

　"주님, 제가 아프리카에서 신발도 없이 오두막집에 살게 될지라도 복음을 전파하겠습니다. 제가 주님께 순종하겠습니다"라고 말씀드렸다(하나님은 우리의 순종을 이끌어 내는 방법을 알고 계신다).

　내가 하나님의 부르심에 "예"라고 대답하자마자, 주님은 나를 준비시키기 시작하셨다. 나는 열정으로 불타기 시작했다. 동기 남학생들에게 예수님을 전했고, 많은 사람이 구원을 받았다. 약 1년 반이 지났을 때, 나는 동우회에서 성경 공부를 시작했다. 대학 캠퍼스 곳곳에서 사람들이 몰려들었다. 매주 새로운 사람들이 찾아와서 구원받고, 성령 충만을 받고, 치유를 받았다. 그렇게 되자 복음을 전하고 싶은 갈망이 강해졌다.

나는 퍼듀 대학을 중퇴하고 신학교에 가고 싶었다. 나의 논리는 이러했다. 나는 복음 전파를 위해 부르심을 받았고, 세상 사람들이 죽어 지옥으로 가는데도 왜 내가 열역학을 공부해야 하는가? 예수님께서 곧 재림하실지 모르니 나는 가능한 한 빨리 추수할 밭으로 가야 한다고 생각했다. 그러던 어느 날 밤에 숙제를 하고 있을 때, 공학책에서 눈을 돌려 선반에 있는 성경책을 보았다. 공학책을 벽에 던지면서, 대학을 중퇴하고 신학교에 가겠다고 결심했다. 나는 나를 훈련시키던 퍼듀 대학의 연구원에게 전화를 해서 "학교를 중퇴하고 신학교에 갑니다!"라고 말했다. 그는 "오늘 밤에 기도해 보고 결정하라"고 지혜롭게 말했다. 우리는 기도했고, 하나님은 나에게 '내가 정한 때에'라고 응답해 주셨다. 주님은 계속해서 말씀하셨다.

"누가 이 사역을 정하였느냐? 네가 아니면 내가?"

나는 대답했다.

"주님, 주님이 하셨습니다"라고 대답했다.

주님은 말씀하셨다.

"내가 이 사역에 너보다 관심이 더 많다는 것을 모르느냐."

그래서 나는 공학을 마치고 텍사스 주 달라스로 이주했다. 거기서 7천 명이 출석하는 교회의 교인이 되었다. 교회에서 안내하는 일을 시작했으며 어느 곳이든 필요하면 가서 도와 주었다. 그 교회의 야간 신학교에 다니기 시작했다. 그리고 2년 후에는 간사로 채용되었다. 나는 복음 전도자로 부름을 받았기 때문에 1년밖에 약속할 수 없다고 말했다. 내 일은 목사님의 차를 세차하고, 기름을 채우고, 목사님의 구두를 닦고, 잔심부름을 하고, 목사님 자녀를 학교에서 데려오고, 유치원에 다니는 두 아이들에게 수영 교습을 시키고 그 외에도 많은 일을 했다. 나는 그곳에 1년 만이 아니라, 4년 반을 있었다.

내가 주님의 부르심에 "예"라고 응답한 지 8년이 지났다. 대학 시절, 성경 공부 사역을 통해 구원받고 치유받고, 귀신에게서 놓임을 받은 모든 학생들을 바라보면서, 이제 전임 사역을 하게 될 날이 얼마 남지 않았다고 생각했다. 나는 하나님께서 나를 이끌어 통과하게 하실 그 과정을 전혀 알지 못했다. 나는 7년 동안 광야에 있었다.

섬기던 기간에, 전임으로 복음 전파 사역을 시작하려고 세 번이나 시도했으나 실패했다. 아시아에서 달라스로 비행기를 타고 오면서(하나님께서 나를 그곳에 보내시기를 원하시는지를 알아보기 위해서 세 번 시도를 한 후), 요한복음을 읽고 있었는데, 1장 6절에 "하나님께로부터 보내심을 받은 사람이 있으니 그의 이름은 요한이라"는 말씀을 보았을 때, "하나님께로부터 보내심을 받은"이라는 말씀이 불쑥 튀어 올랐다.

그리고 하나님께서 말씀하셨다.

"너는 존 비비어에 의해서 보냄 받기를 원하느냐? 아니면 나에 의해서 보냄 받기를 원하느냐?"

"하나님께서 보내 주시기를 원합니다"라고 말씀을 드렸다.

주님은 말씀하셨다.

"옳다, 만약 네가 존에 의해 보냄 받으면, 너는 존의 권위로 갈 것이나 만약 나에 의해서 보냄을 받으면, 너는 나의 권위로 갈 것이다!"

그 후로 나는 마음이 편해졌고, 하나님께서 나를 보내시는 곳에서 즐겁게 지낼 수가 있었다. 어느 날 아침 기도 시간에, 나는 이렇게 고백했다.

"주님, 만약 주님이 다시 오시고, 제가 여전히 이 밴을 운전하며 목사님과 사모님을 위해 잔심부름을 하고 있다면, 주님을 바라보면서 '저는 당신께 순종했습니다'라고 말할 수 있습니다."

6개월 후, 나는 플로리다 주에 있는 큰 교회의 청년부 목사가 되었다.

하나님은 어떤 자리가 날 때까지 8년 동안 나를 선반 위에 가만히 올려놓으셨는가? 아니다. 절대로 아니다. 내 속에 하나님의 인격을 계발하기 위해 그래서 하나님의 길을 준비하도록 나를 광야로 보내신 것이다. 맡기신 사역의 직분에 합당한 기능을 하기 위해서 내 인격이 변화되어야 할 필요가 있었다. 연단의 과정은 그 사역의 수준에 맞게 완성되었다. 그러나 매번 영적 진보에 따라, 먼저 그 수준에 맞게 준비되어야 하는 것이다.

모세가 광야에서 40년 동안 훈련받은 후에, 하나님은 모세에게 다음과 같이 말씀하셨다.

> 이제 내가 너를 바로에게 보내어 너에게 내 백성 이스라엘 자손을 애굽에서 인도하여 내게 하리라 모세가 하나님께 아뢰되 내가 누구이기에 바로에게 가며 이스라엘 자손을 애굽에서 인도하여 내리이까 하나님이 이르시되 내가 반드시 너와 함께 있으리라…(출 3:10-12)

스스로 나서려는 복음 전도자들에게 하나님께서 무엇이라고 말씀하시는지를 보라.

이 선지자들은 내가 보내지 아니하였어도 달음질하며 내가 그들에게 이르지 아니하였어도 예언하였은즉 … 여호와의 말씀이니라 보라 거짓 꿈을 예언하여 이르며 거짓과 헛된 자만으로 내 백성을 미혹하게 하는 자를 내가 치리라 내가 그들을 보내지 아니하였으며 명령하지 아니하였나니 그들이 이 백성에게 아무 유익이 없느니라 여호와의 말씀이니라(렘 23:21, 32)

모세가 40세에 이스라엘 백성을 구원하고자 시도했을 때, 모세는 이스라엘 백성을 도울 수 없었고, 어떤 유익도 줄 수 없었다. 아직 하나님께서 모세를 보내지 않으셨기 때문이다. 하나님의 지혜가 없고 하나님의 때가 아니라면, 비록 애굽의 모든 지혜를 가졌을지라도 하나님의 소명을 이룰 수가 없다. 그것은 하나님이 정해 놓으신 때가 아니다. 모세의 헛된 수고는 애굽의 압제자 한 명을 죽게 했을 뿐이다. 그러나 하나님께서 정하신 때, 하나님의 보내심을 받았을 때, 애굽의 군대가 홍해에 장사되었다. 이것이 바로 우리의 힘과 하나님 힘의 차이다.

세례 요한은 6개월의 사역을 위해서 30년 동안 훈련받았지만, 예수님은 요한이 여자가 낳은 자 중에 가장 위대한 선지자였다고 말씀하셨다. 하나님은 하나님께서 보내신 한 사람을 통해 6개월 동안에, 어떤 사람이 자신의 힘으로 80년 동안 애써 일하는 것보다 더 많은 일을 하실 수 있다.

40세에 모세는 하나님으로부터 사명을 받았다는 것을 알았다. 비록 그의 의도는 좋았지만, 처음 시도는 유익보다는 손해가 더 많았다. 광야 뒤편에서 40년 동안 훈련받은 후에, 하나님께서 말씀하시는 것 외에는 아무것도 하지 않는 새로운 모세가 나타났다. 귀에 익은 소리인가? 그것은 바로 예수님께서 하신 말씀이다.

"내가 진실로 진실로 너희에게 이르노니 아들이 아버지께서 하시는 일을 보지 않고는 아무 것도 스스로 할 수 없나니…"(요 5:19).

이사야 40장 3-8절을 읽어 보자.

> 외치는 자의 소리여 이르되 너희는 광야에서 여호와의 길을 예비하라 사막에서 우리 하나님의 대로를 평탄하게 하라 골짜기마다 돋우어지며 산마다, 언덕마다 낮아지며 고르지 아니한 곳이 평탄하게 되며 험한 곳이 평지가 될 것이요 여호와의 영광이 나타나고 모든 육체가 그것을 함께 보리라 이는 여호와의 입이 말씀하셨느니라 말하는 자의 소리여 이르되 외치라 대답하되 내가 무엇이라 외치리이까 하니 이르되 모든 육체는 풀이요 그의 모든 아름다움은 들의 꽃 같으니 풀은 마르고 꽃은 시듦은 여호와의 기운이 그 위에 붊이라 이 백성은 실로 풀이로다 풀은 마르고 꽃은 시드나 우리 하나님의 말씀은 영원히 서리라 하라

하나님께서 광야는 '주님의 길이 준비되는 곳'이라고 말씀하신다. 주님의 길은 사람의 힘으로 갈 수 있는 길이 아니다. 하나님은 육신의 교만은 낮아질 것이고, 겸손한 자들은(하나님을 기다리는 자들) 높아질 것이고, 굽은 곳은 바르게 될 것이고, 고르지 않은 곳은 평탄하게 될 것이라고 말씀하신다.

대학생 때, 나는 성령의 기름 부음의 흐름에 조금 접촉이 된 적이 있지만, 나의 삶 속에는 낮아져야 할 산들이 있었고 평탄하고 바르게 되어야 할 고르지 않고 굽어진 곳들이 있었다. 광야에서 하나님은 연

단의 과정을 시작하셨다. 우리가 광야에 있는 동안, 우리 삶 속에 하나님의 다루심을 허락하는 것은 중요하다.

내가 달라스에서 담임 목사님을 섬길 때, 어느 날 주님은 나에게 말씀하셨다.

"존, 내일의 복음 전파 사역만을 바라보다가 오늘 내가 너에게 행하고자 하는 것을 놓치지 말기를 바란다."

나는 복음 전파를 매우 갈망했기 때문에, 그 당시의 삶을 시간 낭비라고 생각했다. 당신은 이런 함정에 빠지지 마라. 하나님은 절대 시간을 낭비하는 분이 아니라는 것을 기억하기 바란다. 하나님은 시간을 아끼시는 분이다. 당신이 현재 있는 곳은 당신에게 가장 중요한 부분이라는 것을 기억하라. 그곳은 당신의 훈련장이다. 당신의 삶이 어떻게 해결되며 연결되는지는 하나님께 맡기고 당신은 단지 따라가기만 하면 된다.

주님은 믿음의 주요, 온전케 하시는 하나님이시다. 우리가 해야 할 것은 하나님을 신뢰하고, 오늘 하나님께서 보여 주시는 대로 순종하는 것뿐이다.

하나님께서 복음 전파 사역에 나를 어떻게 사용하실지 궁리해서 알아냈다고 생각할 때마다 주님은 "존, 너는 지금 막다른 길을 궁리해 냈구나. 그러나 그런 일은 일어나지 않을 것이다"라고 말씀하시곤 하셨다.

이것은 사실이다. 하나님께서 이루어 내신 방법은 내가 전혀 예상치 않았던 것이었다. 분명히 요셉도 자기의 꿈이 실제 일어났던 방법대로 성취되리라고는 기대하지 않았을 것이다.

하나님은 현재 있는 곳에서 우리가 만족하는(자기 만족이 아니다) 장소로 우리를 인도해 주신다. 마치 우리의 꿈이 거의 불가능해진 것 같이 느껴진다. 그러나 꿈의 성취를 위한 당신의 계획이 당신의 마음과 의지와 감정 안에 죽을 때, 하나님은 그분의 방법으로 그 꿈들을 부활시킬 준비를 하신다.

나는 하나님께서 나에게 행하신 일들 때문에 당황했고 좌절감을 느꼈다. 나는 하나님께 기도했다.

"8년이 지난 지금은 마치 제단에 올려진 이삭과 같이 저의 꿈을 제단에 올려놓아야만 하는데, 왜 하나님은 그때 저에게 사역에 대한 꿈을 주시고 열정을 갖게 하셨습니까?"

하나님께서 말씀해 주셨다.

"아들아, 네가 그 꿈을 섬기는지 아니면 나를 섬기는지를 보려고 그렇게 했단다."

이것이 바로 하나님께서 아브라함에게 하신 일이다. 하나님은 아브라함에게 열국의 아버지가 될 것이라고 말씀하셨다. 그리고 25년이 지난 후에, 그 약속이 성취되기 시작했다. 13년 후에는 아브라함이 약속의 아들, 이삭을 사랑하게 한 후에, 하나님은 그 약속을 제단에 드리라고 말씀하심으로 아브라함을 시험하셨다. 하나님은 그 꿈이 아브라함의 마음과 의지와 감정에서 죽도록 하셨다. 그런 다음에 하나님은 아브라함이 꿈을 주신 자보다 꿈을 더 사랑하는지를 시험하셨다.

하나님께서 한 사람에게 하나님의 권위와 능력을 주실 때, 그 주신 권위와 능력이 크면 클수록, 하나님의 성령에 불순종할 때 받는 심판도 그만큼 크다. 모세가 40세에 자신의 방법으로 일했을 때, 하나님의 권위와 능력을 받지 않았기 때문에, 하나님은 모세를 심판하지 않으셨다. 그러나 그 이후의 경우는 다르다. 광야에 있는 동안, 이스라엘 백성은 모세에 대항하여 다투었고, 모세가 인도해온 장소에 대해 불평했다. 그들은 갈증을 느꼈고 물을 원했다. 그래서 하나님은 모세에게 할 일을 지시하셨다.

> 여호와께서 모세에게 말씀하여 이르시되 지팡이를 가지고 네 형 아론과 함께 회중을 모으고 그들의 목전에서 너희는 반석에게 명령하여 물을 내라 하라 네가 그 반석이 물을 내게 하여…(민 20:7-8)

하나님은 모세에게 "반석에게 명하라 그러면 반석이 물을 낼 것이라"고 말씀하셨다. 그러나 모세가 어떻게 했는지를 읽어 보라.

> 모세가 그의 손을 들어 그의 지팡이로 반석을 두 번 치니 물이 많이 솟아나오므로 회중과 그들의 짐승이 마시니라 여호와께서 모세와 아론에게 이르시되 너희가 나를 믿지 아니하고 이스라엘 자손의 목전에서 내 거룩함을 나타내지 아니한 고로 너희는 이 회중을 내가 그들에게 준 땅으로 인도하여 들이지 못하리라 하시니라(민 20:11-12)

모세가 반석에서 물을 내게 하신 하나님의 지시에 불순종했지만 하나님은 물을 주셨다는 것을 주의해서 보라. 그 물은 백성을 위한 것이었다. 그들의 필요에 대한 응답이었다. 하나님은 모세를 벌하기 위해 백성에게 물 주시는 것을 보류하지 않으셨다. 하나님은 모세가 백성 앞에서 하나님의 거룩함을 나타내지 않았기 때문에, 약속의 땅에 들어가는 것을 금하셨다(모세는 반석에게 명하지 않고 반석을 쳤다. 그래서 백성이 모세 자신을 바라보게 했다). 이것은 초자연적인 하나님의 기름 부음은 사람들의 필요를 위한 것이지, 사역자를 높이거나 헌금을 모으기 위한 것이 아니라는 것을 보여 주는 완전한 본보기다.

최근 들어, 성령의 은사와 기름 부음과 성경의 남용으로 말미암아, 많은 사람들이 성령의 은사, 약속, 능력을 유효하지 않다고 생각한다. 그러나 이것은 사실이 아니다. 하나님은 백성 앞에서 하나님을 거룩하게 할 새로운 지도자들을 찾고 계신다. 사역자들이 백성의 필요를 충족해 주는 은사나 기름 부음을 갖고 있으면서도, 그 은사를 나타내는 방법에 있어서는 여전히 하나님께 불순종할 수 있다.

아마도 모세는 백성에게 화가 났을 것이고, 물이 금방 나오지 않았기 때문에 하나님께도 조금 화가 났을 것이다. 모세는 전에 신 광야에서 했던 것처럼(출 17:1-7) 그 반석을 지팡이로 쳤다. 아니면 자기의 지도력에 자신감이 생겼는지도 모른다. 지금은 하나님께서 자기가 최선이라고 간주하는 것은 무엇이든지 받아들인다고 느꼈는지도 모른다. 다시 한 번 모세는 자신의 방법으로 행했지만, 그 대가는 엄청나게 컸다. 지금까지 모세는 하나님의 능력과 힘으로 살아왔다. 이 모든 힘은 하나님을 의지하는 것에서 나왔다. 지금 모세는 백성 앞에서 하나님과 독립적으로 행동함으로 심판과 벌을 받게 되었다. 하나님은 모세의 행동 때문에, 모세와 아론은 약속의 땅에 들어가지 못하리라 말씀하셨다.

그것이 바로 야고보서 3장 1절에서 다음과 같이 말하는 이유다.

"내 형제들아 너희는 선생된 우리가 더 큰 심판을 받을 줄을 알고 선생이 많이 되지 말라."

영광이 클수록 심판도 그만큼 크다.

사울 왕은 아말렉 왕과 몇 마리의 양을 살려 두었다. 그는 하나님께서 명령하신 것보다 백성이 원하는 것에 관심이 더 많았다. 그의 잘못된 판단 때문에 이스라엘은 대가를 치러야 했다. 다윗 왕은 이스라엘 인구를 계수함으로 자기 자신의 힘을 측정했고, 그것으로 나라 전체가 심판을 받았다.

광야는 불순종의 죄와 그 결과로 오는 심판이 없는 곳이다. 대신에 하나님의 능력과 영광 안에 살아가도록 우리를 준비시킨다. 교만을 버리고 겸손하게 하신다. 진정으로 겸손한 사람은 "나는 하나님의 성령이 하시는 것을 보지 않으면 아무것도 하지 않을 것이다. 내 힘과 능력은 아무것도 아닙니다"라고 고백하고 예수님과 함께 살아가야 한다.

하나님께서 교회에 그분의 영광과 능력을 나타내심을 보류하시는 것은 우리를 더 큰 심판에서 보호하기 위해서다. 하나님은 우리가 하나님께 부르짖도록 광야에서 우리의 영에서 육신의 껍데기를 벗기고 계신다. 그런 다음에 하나님의 영광이 나타나면, 우리는 그분의 방법대로 일을 행함으로 그분의 이름을 거룩하게 할 것이다.

"설교자들이여, 다른 사람들이 성공했다고 해서 당신도 그 방법을 따라하지 마십시오. 다른 사람의 사역을 모방하지 마십시오. 전통적이라는 이유 때문에 일을 하지 마십시오. 오늘날 보편적으로 허락되는 일이라고 해서 그 일을 하지 마십시오. 성령님의 음성을 들으십시오. 그 사역이 어떻게 운영되기 원하시는지 주님이 당신에게 보여 주시도록 하십시오. 주님께서 행하시고 말씀하시는 것을 보고 들으십시오."

내가 내 파수하는 곳에 서며 성루에 서리라 그가 내게 무엇이라 말씀하실는지 기다리고 바라보며 나의 질문에 대하여 어떻게 대답하실는지 보리라 하였더니 여호와께서 내게 대답하여 이르시되 너는 이 묵시를 기록하여 판에 명백히 새기되 달려가면서도 읽을 수 있게 하라 이 묵시는 정한 때가 있나니 그 종말이 속히 이르겠고 결코 거짓되지 아니하리라 비록 더딜지라도 기다리라 지체되지 않고 반드시 응하리라 보라 그의 마음은 교만하며 그 속에서 정직하지 못하나 의인은 그의 믿음으로 말미암아 살리라 (합 2:1-4)

하박국 선지자는 "그가 내게 무엇이라 말씀하실는지 기다리고 바라보며"라고 말했다. 하나님의 성령이 말씀하시는 방법 중 하나는 비전을 통해서다. 예수님은 아버지께서 하시는 일을 본 것만 행하셨다고 말씀하셨다. 하박국은 "본 것을 기록하고, 정한 때에 본 것을 가지고 달려가리라"고 말했다. 그는 계속해서 교만한 마음은 정직하지 못하다고 말한다(교만한 마음은 하나님의 말씀을 기다리지 않고 하나님 말씀의 비전도 없이 달려가는 것이다).

그러나 의인은 다른 사람의 믿음이 아니라, 자기의 믿음으로 살 것이다. 믿음은 하나님께서 말씀하시는 것을 들음에서 온다. 그것이 바로 하나님께서 이스라엘 백성을 광야로 이끌어 온 이유다.

"… 사람이 떡으로만 사는 것이 아니요 여호와의 입에서 나오는 모든 말씀으로 사는 줄을 네가 알게 하려 하심이니라"(신 8:3).

모세가 입에서 '나온'이라고 하지 않고 입에서 '나오는'이라고 말한 것에 주의하기 바란다. 그것은 하나님께서 계속 말씀하시는 것을 의미한다.

히브리서 12장 25절은 우리에게 다음과 같이 경고한다.

"너희는 말씀하시는 그분을 거절하지 말라. 그들이 땅에서 말씀하신 이를 거역하고서도 피하지 못하였거늘 하물며 우리가 하늘에서 말씀하시는 그분에게서 돌아선다면 어찌 더 피할 수 있겠느냐"(새성경).

그러나 '말씀하시는 것'은 언제나 기록된 성경 말씀과 모순되지 않는다는 것을 절대 잊지 마라.

당신이 꼭 해야 한다고 생각하는 것을 뒷바침하기 위해서 성경 말씀을 찾는다면 그것은 여전히 하나님의 방법이 아니다. 예수님은 '나는 병든 자들을 치료하는 성령의 기름 부음을 받았기 때문에, 전에 했던 것과 같이 나사로에게 손을 얹고 기도하리라'고 생각하실 수도 있었다.

그러나 예수님은 그렇게 하지 않으셨고, 하나님의 성령이 움직이기를 기다리셨고, 그 후에 움직이셨다. 내 방법이 아니라 하나님의 방법으로 일하기 위해서 성령의 인도하심을 받은 예수님의 본을 따라가야 한다.

광야는 주님의 인도하심과 능력을 받지 않고 주님을 위해서 무엇을 시도하는 것은 아무 소용이 없다는 것을 가르치기 위해서 우리를 인도해 가는 곳이다. 우리가 진정으로 육의 것은 영원한 가치가 없다는 것을 배울 때, 하나님께서 우리를 부르신 그 사역을 위한 준비가 된 것이다. 광야는 미래의 사역을 위해 준비하는 곳이다.

Growing Strong in Dry Times

제13장
변화를 위한 준비

> 광야는 하나님께서 성령의 새로운 운동을
> 일으키는 곳이다.

너희는 이전 일을 기억하지 말며 옛적 일을 생각하지 말라 보라 내가 새 일을 행하리니 이제 나타낼 것이라 너희가 그것을 알지 못하겠느냐 반드시 내가 광야에 길을 사막에 강을 내리니(사 43:18-19)

광야는 하나님께서 성령의 새로운 운동을 일으키는 곳이다. 물론, 하나님께는 새로운 일이 아니지만, 우리에게는 새로운 일이다. 우리는 하나님께서 우리를 아시는 것과 같이 우리가 하나님을 아는 경지에 도달해야 한다. 이런 교제의 양식은 고린도후서 3장 18절에 묘사되어 있다.

"우리가 다 수건을 벗은 얼굴로 거울을 보는 것 같이 주의 영광을 보매 그와 같은 형상으로 변화하여 영광에서 영광에 이르니 곧 주의 영으로 말미암음이니라."

하나님을 알기 위해서 우리는 변화되어야 한다. 우리를 하나님께 가까이 인도하는 변화는 쉽지 않지만, 그것은 항상 좋은 것이다. 변화는 우리의 편안한 생활에 영향을 미치기 때문에 우리는 종종 변화를 거부한다. 인간은 습관의 동물이다. 한번 삶의 형태가 자리잡으면, 그 삶의 형태에서 벗어나는 것은 쉽지가 않다. 이것은 특별히 종교계에서 많이 일어난다.

종교적인 본거지와 전통은 일찍 형성되며 깊게 흐른다. 모든 전통이 나쁜 것은 아니지만, 한 사람이 마음으로가 아닌 단지 전통에 의해서 반응한다면 그는 생명이 없는 행동을 하는 것이다. 종교적 영을 갖고 있는 사람은 현재 하나님께서 역사하시는 것들을 반대하는 한편 과거에 하신 것들을 견고히 붙잡고 있으면서 외적으로만 경건의 모양을 가지고 있는 사람이다.

우리는 예수님 시대의 바리새인과 종교 지도자들에게서 이런 모습을 볼 수 있다. 그들은 아브라함의 자손이며 언약의 자녀들임을 자랑했다. 자신이 모세의 제자들이라고 주장했다. 그들은 하나님께서 하신 것들을 견고히 붙잡고 그들 가운데 서 계시는 하나님의 아들에게 대항했다. 그들은 전통과 예배의 규례에 집착했다. 그러나 예수님이 이 세상에 오셨을 때, 예수님은 모든 안락과 안정의 영역에 도전하셨고, 하나님은 그들의 규모에 맞지 않으며 그들이 하나님의 규모에 맞추어야 한다는 것을 인식하도록 하셨다.

그들은 이 변화에 저항했고 그들의 전통에 집착했다. 종교적인 영은 감독을 받지 않으면, 결국에는 편견과 미움과 배신을 초래하는 정예주의자를 만들어 낼 것이다(하나님은 단지 우리를 통해서, 우리의 한계 안에서 역사하신다). 이것이 정확하게 예수님 당시에 일어났으며, 기독교 역사 속에 계속 일어나고 있다.

변화와 한 영광의 수준에서 다음 수준으로 올라서기 위해서는, 기꺼이 우리의 안전 지대를 떠나 성령이 인도하시는 길을 따라가야만 한다. 하나님께서 새 생명을 탄생시키시는 광야를 통해 우리를 그 길로 인도할 것이다.

이것은 세례 요한의 삶에서 분명히 알 수 있다. 그의 아버지는 대제사장이었다. 요한의 유업은 아버지처럼 제사장이 되는 것이었다. 그는 예루살렘에 있는 학교에 가서 가말리엘 밑에서 공부하여 바리새인이 되어야만 했다. 그러나 어느 날 하나님의 성령이 요한을 광야로 부르기 시작했다. 요한이 기도하면 할수록, 마음은 점점 더 강하게 광야로 몰아붙이는 것이었다. 혼자 곰곰이 생각할 때, 그의 마음속에는 투쟁이 일어나기 시작했다.

'나와 같이 자라난 친구들은 성경학교에 가서 수료증도 받고 지도자로서 인정을 받을 것이다. 그들은 안수받을 것이고, 모든 회당에서 설교할 능력을 갖게 될 것이다. 그들은 나를 어떻게 생각할까? 만약에 내가 성경학교에 가지 않으면, 이 소명을 어떻게 이룰 것인가? 나를 부르신 소명이 있는 것을 알고 있다. 아버지는 천사가 나의 출생을 선포했고, 내가 예언자가 되리라고 말했다고 말씀해 주셨는데, 만약 내가 광야로 가면, 아무도 내가 누구인지 알지 못할 것이다. 그리고 나는 설교 초청도 받지 못할 것이다.'

그러나 광야로의 불타는 소명은 그의 마음에 일어나고 있는 질문 공세를 잠잠케 했다. 그는 성령님을 따라 광야로 가기로 결심했다.

누가복음 1장 80절을 읽어 보자.

"아이가 자라며 심령이 강하여지며 이스라엘에게 나타나는 날까지 빈 들에 있으니라."

누가복음 3장 2-3절은 말씀한다.

"… 하나님의 말씀이 빈 들에서 사가랴의 아들 요한에게 임한지라 요한이 요단 강 부근 각처에 와서 죄 사함을 받게 하는 회개의 세례를 전파하니."

하나님께서 요한을 준비시키신 곳은 사람들에게 인정받는 성경학교가 아니라 광야였다. 모든 유대 땅과 예루살렘에서 사람들이 하나님의 말씀을 듣기 위해서 그에게로 왔다. 성령의 새로운 운동이 종교적인 장소가 아니라 광야에서 불기 시작했다. 종교적 외식과 전통에 진절머리가 난 사람들이 하나님의 아들이 나타나심을 준비하기 위해 기꺼이 변화되고 싶은 마음으로 요한에게 나아왔다.

이런 일이 있은 후 바로, 예수님이 요단 강에서 요한에게 세례를 받으시러 나오셨다. 요한은 사양했지만, 예수님은 그렇게 하라고 하셨다. 하나님의 성령이 이 땅에서 지금 역사하고 계시는 것은 예수님의 사역을 나타내기에 필요한 것이었다.

예수님은 성령의 충만함을 받으시고 즉시 광야로 이끌려 가셨다. 예수님이 광야로 이끌려 갔을 때 성령으로 충만하셨지만, 40일의 시험과 시련을 받으신 다음에는 성령의 능력으로 광야에서 돌아오셨다고 성경은 분명히 말한다.

이제 예수님은 행하기 위하여 오신 그 사역을 수행할 모든 준비를 갖추셨다. 세례 요한이 사역한 지 불과 몇 개월 만에, 다른 새로운 사역, 즉 예수 그리스도의 사역이 광야에서 시작되었다.

예수님의 사역 초기에, 세례 요한의 제자들이 예수님께 나와서 "요한의 제자는 자주 금식하며 기도하고 바리새인의 제자들도 또한 그리하되 당신의 제자들은 먹고 마시나이다"(눅 5:33)라고 말했다.

이 사람들은 자기들은 종종 금식하는데 예수님의 제자들은 전혀 금식하지 않았기 때문에 약이 올랐다. 자기들은 모든 희생을 하고 있었는데, 모든 주목은 예수님의 제자들이 다 받고 있었다. 우리는 요한의 시대에 하나님의 성령이 역사하시던 방법 중에 하나가 금식이었음을 알 수 있다.

그러나 이 사람들은 요한의 사역에서 하나님의 성령의 사역으로 전환되지 않았다. 그들은 그들의 사역과 예배 방법이 열매를 맺었다고 믿고 있었다. 그들은 세례 요한을 따르기 위해 엄청난 대가를 치렀다. 그들은 많은 희생을 했고, 그들의 지도자는 감옥에 갇혔는데, 자기들의 규칙대로 사역하지 않는 제자들을 데리고 다니는 새로운 사람이 나타났다. 이 사람들은 감정이 상했고 종교적 영을 갖게 될 위험에 처해 있었다.

기억하라. 종교적 영은 언제나 하나님께서 지금 하고 계시는 일을 제지하는 반면, 하나님이 과거에 하신 일에 집착한다. 왜 그런가? 한때 그들은 지금 하나님께서 말씀하시고 역사하시는 것보다 그들과 친분 관계를 갖고 있는 그 사람과 그 단체가 어떻게 움직이는지에 더 많은 관심이 있기 때문이다.

그들의 초점은 더 이상 하나님의 마음이 아니다. 한때 하나님의 마음을 품도록 인도해 주었던 그 방법 자체에 집착하게 되었다. 교만과 공격이 주도하기 시작했다. 그들은 사역을 위해서 시간과 돈도 투자했을 것이다. 지금까지 한 모든 일들, 주장해 온 것들, 획득한 것들이 위협을 받고 있다. 그래서 이 사람들은 그들의 지도자인 요한이 "그는 흥하여야 하겠고 나는 쇠하여야 하리라"(요 3:30)고 선포했음에도 불구하고, 그 방법들을 유지하고, 변화를 거부하기 시작했다.

예수님이 그들에게 어떻게 답변을 하셨는지 확인해 보자.

"예수께서 그들에게 이르시되 혼인 집 손님들이 신랑과 함께 있을 때에 너희가 그 손님으로 금식하게 할 수 있느냐"(눅 5:34).

예수님은 다음과 같이 말씀하심으로 그들의 종교적 방법들을 드러내셨다.

"하나님의 아들이 그들 가운데 서 계시는데 왜 그들이 계속해서 금식을 해야 할 필요가 있느냐? 만약에 하나님으로부터 필요한 것이 있으면, 그들이 해야 할 일은 나에게 나오는 것뿐이다"(의역).

종교적인 사고방식 때문에 그들은 금식이나, 어떤 것을 통해 하나님의 호의를 얻어야만 한다고 믿었다. 그들은 금식을 하나님께로 나아가는 수단으로 보기 시작했고, 금식하지 않는 다른 사람들보다(혹은 그것이 무엇이든, 그들의 방법을 사용하여) 자신들을 높인다고 느꼈다. 그리하여 교만이 자리잡기 시작했고, 그 수단이 원래의 열매보다 더 중요하게 되었다.

금식에는 유익이 있지만, 결코 하나님을 조종하는 방법이 아니다. 하나님의 말씀과 역사를 쉽게 듣고 볼 수 있는 장소로 당신을 인도해 주는 방법일 뿐이다. 그런데 하나님이 바로 그들과 함께 계실 때, 왜 제자들이 하나님의 음성을 듣기 위해서 금식을 해야만 하겠는가?

다시 누가복음 5장 34-35절을 보자.

"예수께서 그들에게 이르시되 혼인 집 손님들이 신랑과 함께 있을 때에 너희가 그 손님으로 금식하게 할 수 있느냐 그러나 그 날에 이르러 그들이 신랑을 빼앗기리니 그날에는 금식할 것이니라."

예수님은 그날에는 그들이 금식할지 모른다고 말씀하시지 않으신다. 그날에는 그들이 반드시 금식할 것이라고 말씀하신다. 요한의 제자들은 단지 음식을 먹지 않는 금식을 말했지만, 예수님은 다른 금식에 대해 말씀하신다. 이 금식은 신랑을 빼앗기는 그날에 하는 것임을 주의해 보기 바란다. 예수님은 단지 음식에 대한 금식이 아니라, 그분의 임재가 없는 금식에 대해 말씀하신다. 우리가 이것을 알 수 있는 것은 예수님께서 그 다음 세 구절에서 주시는 비유로 설명해 주시기 때문이다. 하나님의 임재의 금식은 바로 광야다. 이것을 조명하여 상기해야 한다. 광야의 정의 중 하나는 하나님의 임재를 느낄 수 없다는 것이다.

이제 예수님이 말씀하시는 것을 설명하기 위해서 주시는 비유를 읽어 보자.

> … 새 옷에서 한 조각을 찢어 낡은 옷에 붙이는 자가 없나니 만일 그렇게 하면 새 옷을 찢을 뿐이요 또 새 옷에서 찢은 조각이 낡은 것에 어울리지 아니하리라 새 포도주를 낡은 가죽 부대에 넣는 자가 없나니 만일 그렇게 하면 새 포도주가 부대를 터뜨려 포도주가 쏟아지고 부대도 못쓰게 되리라 새 포도주는 새 부대에 넣어야 할 것이니라(눅 5:36-38)

성경에서 새 포도주는 하나님의 임재를 나타낸다. 바울은 에베소서 5장 18절에서 "술 취하지 말라 이는 방탕한 것이니 오직 성령의 충만함을 받으라"고 말한다. 우리는 새 포도주로 충만해야 한다.

당신이 처음으로 성령 충만했을 때 얼마나 신기했는지를 상기해 보라. 하나님의 임재는 감미롭고 강하다. 당신이 기도할 때마다, 그분의 임재가 느껴졌다. 당신은 하루종일 그분의 임재를 느끼곤 했다. 그분의 임재하심으로 때로는 교회에 앉아서 그냥 울기도 했다.

그런데 한참 후 어느 날, 당신은 하나님의 임재를 그렇게 쉽게 느끼지 못하는 것을 깨닫게 된다. 예전처럼 여전히 기도하지만 '하나님이 어디 계시는가?'라고 생각한다. 당신은 광야에 도착했다. 광야 혹은 하나님의 임재의 부재에는 이유가 있다. 하나님은 새 가죽 부대를 준비하고 계신다. 하나님의 새로운 성령 운동인 새 포도주를 낡은 부대에 넣을 수는 없다.

이것을 더 잘 이해하기 위해서, 우리는 예수님 당시에 그들이 사용했던 가죽 부대를 살펴볼 필요가 있다. 이 포도주 부대와 그릇은 양가죽으로 만들어졌다. 처음 포도주를 넣을 때, 가죽은 부드럽고 유연하다. 쉽게 늘어나고 쉽게 휘어진다. 그러나 세월이 지나면서 그 포도주 가죽 부대는 모든 습기를 흡수해서 부서지기 쉽고 단단해진다. 이런 상태에서 새 포도주를 부으면, 그 가죽 부대는 파삭파삭해서 쉽게 부서질 수가 있기 때문에, 낡은 가죽 부대는 새 포도주의 무게와 발효 작용을 감당할 수가 없다.

가죽 부대를 다시 사용하려면, 며칠 동안 물에 담가둔 후에 그 위에 올리브기름을 바르면 된다. 그러면 가죽 부대는 다시 부드럽고 유연해진다.

우리는 영적 새 포도주를 담는 그릇이기 때문에 이것은 우리에게 일어나는 일을 상징한다.

에베소서 5장 26절은 "이는 곧 물로 씻어 말씀으로 깨끗하게 하사 거룩하게 하시고"라고 말한다. 우리는 하나님의 말씀에 푹 잠겨야 한다.

욥은 시험을 받을 때에 그의 육신에 필요한 음식보다 하나님의 말씀을 더 귀히 여겼다(욥 23:12).

올리브기름을 문질러 바르는 것은, 기도하는 가운데 하나님을 찾으며 시간을 보내는 것을 의미한다. 그러나 가죽 부대의 원기를 다시 회복하기 위해서는 먼저 낡은 포도주를 비워야 한다.

부대 속에 포도주가 조금도 남아 있지 않아야 한다. 감지할 수 있는 하나님의 임재가 없다! 그것은 하나님의 임재의 금식, 혹은 우리가 계속해서 말한 것처럼 메마른 시기를 의미한다.

왜 하나님의 임재하심을 느끼지 못하게 하실까? 우리를 절망케 하시기 위해서인가? 아니다!(비록 그런 일이 일어나겠지만) 하나님이 당신을 쓰실 때까지 당신을 선반 위에 올려놓기 위해서인가? 아니다!

하나님께서 임재를 거두어 들이시는 이유는 우리로 하여금 하나님을 찾고, 탐색하게 하기 위해서다. 하나님을 찾으려고 할 때 우리는 다시 부드럽고 유연하게 된다. 단단하고 뻣뻣한 사람들은 하나님 찾기를 중단한 것이다. 그들은 사역 방법과 기도 방법과 교리 등에 굳어져 있다. 그들은 지난 경험에서 스스로 고안해 낸 공식으로 점점 굳어진다.

그것이 이 사람들의 상태다. 그들은 하나님께서 요한을 통해 위대하게 역사하시는 것을 보고 그를 따랐다. 그러나 계속해서 하나님을 알아가는 고상한 소명을 향하여 전진해 나가는 대신에, 자신의 신념과 방법으로 굳어졌다.

하나님께서 움직이실 때마다 새로운 가르침이 나타난다. 가르침과 교리는 우리를 하나님의 마음으로 인도해 가는 수단이다. 만약 우리가 가르침이나 교리, 그 자체에 초점을 맞춘다면 그것은 우리를 종교적 속박이나 율법주의, 실수(그 전부)로 끌고 갈 것이다. 당신은 어떤 공식으로도 하나님을 알 수가 없다.

많은 그리스도인이 공식을 갈망해 왔다. 그들은 7단계 치료 방법, 4단계 전도 방법, 성공을 위한 10가지 성경 구절 등을 입수한다. 마침내 그들이 '모범적인 그리스도인'이 되는 지식을 터득했을 때, 하나님 찾기를 중단하고, 그 전통 속에 정착한다. 그러나 비록 그것이 그들에게는 '순전한 복음'이라 하더라도, 그들은 허전함을 느끼게 된다.

예레미야 29장 12-13절은 다음과 같이 말한다.

"너희는 내게 부르짖으며 내게 와서 기도하면 내가 너희들의 기도를 들을 것이요 너희가 온 마음으로 나를 구하면 나를 찾을 것이요 나를 만나리라."

기도만으로는 하나님을 찾을 수 없다. 종교적 공식에 묶여 충실히 기도하는 사람들이 많이 있다. 하나님은 기도 속에 성실히 하나님을 찾아야 한다고 말씀하신다. 하나님은 계속해서 탐색해야 한다고 분명히 언급하셨다.

탐색에는 기계적인 절차가 없다. 탐색은 노력이 필요하다. 그렇기 때문에 하나님은 히브리서 11장 6절에서 "… 하나님께 나아가는 자는 반드시 그가 계신 것과 또한 그가 자기를 찾는 자들에게 상 주시는 이심을 믿어야 할지니라"고 말씀하신 것이다.

그러면 예수님께서 누가복음 5장 37-39절에서 하신 말씀을 상고해 보자.

"또 새 포도주를 낡은 가죽 부대에 붓는 사람은 아무도 없나니, 만일 그렇게 하면 새 포도주가 그 가죽 부대를 터뜨려 포도주도 쏟아지고 가죽 부대도 망가지리라. 그러나 새 포도주는 새 가죽 부대에 부어야만 하나니, 그리하면 둘 다 보존되느니라. 또 묵은 포도주를 마시고 즉시 새 포도주를 원하는 사람은 아무도 없나니 이는 그 사람이 말하기를 묵은 것이 더 좋다 함이라고 하시더라"(새성경).

낡은 포도주에 익숙해진 사람은 즉시 새 포도주를 원하지 않는다. 우리는 습관적인 패턴과 중독성을 지닌 인간들이기 때문이다. 여기서 주요 단어는 '즉시'다. 우리로 하여금 새 포도주에 대한 갈증을 느끼게 하기 위하여, 하나님은 낡은 포도주를 비워 버리고 새 포도주를 받을 수 있게 메마른 시기를 통과하도록 우리의 안전 지대를 깨뜨려야 하셨다. 예수님은 마태복음 5장 6절에서 다음과 같이 말씀하셨다.

"의에 주리고 목마른 자는 복이 있나니 그들이 배부를 것임이요."

아무것도 마실 것이 없으면 심한 갈증을 느낄 것이고, "나는 이 포도주를 원치 않고 묵은 포도주를 원합니다"라고 불평하지 않을 것이다. 마찬가지로, 당신이 당신의 삶 속에 하나님의 임재와 능력을 갈망한다면, 삶과 사역에 성령의 새로운 운동을 기꺼이 받아들일 것이다.

당신은 광야의 시절에 대해 다윗처럼 될 것이다.

"하나님이여 주는 나의 하나님이시라 내가 간절히 주를 찾되 물이 없어 마르고 황폐한 땅에서 내 영혼이 주를 갈망하며 내 육체가 주를 앙모하나이다 내가 주의 권능과 영광을 보기 위하여 이와 같이 성소에서 주를 바라보았나이다"(시 63:1-2).

다윗은 하나님의 능력과 임재에 갈증을 느꼈다. 그 결과 모든 일을 하나님의 방법이 아니라 자기 자신의 방법으로 한 사울 왕과 달랐다. 다윗은 소명을 받은 그의 사역을 시작했을 때, 하나님께서 원하시는 것에 유연할 수가 있었다.

내가 처음으로 했던 복음 전파 사역은 플로리다에서 청년부 목사를 한 것이다. 우리는 강력한 청년부를 갖고 있었다. 우리는 두 개 주에, 주말마다 400만 명 이상이 시청할 수 있는 두 개의 TV 방송국을 통해 복음을 전파했다. 또한 플로리다 중부 지역에서 두 번째로 인기 있는 일반 라디오 방송국에서 복음 전파하는 시간을 맡았다. 모든 것이 순조로웠다.

그런데 어느 날 기도하는 가운데 성령님께서 변화가 올 것이라고 말씀하셨다. 성령님은 나에게 말씀하셨다.

"너는 청년부 목사직에서 해임될 것이고, 나는 너를 미국 동쪽 해변에서부터 서쪽 해변까지, 캐나다 국경에서 멕시코 국경까지, 알래스카와 하와이까지, 여러 교회와 도시로 보낼 것이다."

성령님은 계속해서 성령님의 다음 사역에서 내가 무엇을 할 것인지를 보여 주셨다. 나는 이러한 사실을 아내에게 말했고, 다른 사람들에게는 말하지 않았다. 우리 둘은 그것을 마음속으로 숙고했다. 성령님은 자신이 그 일을 할 것이라고 말씀하셨고, 나는 그분이 바로 하나님이신 줄 알았기 때문에 '하나님을 도울' 필요가 없었다.

그러나 그런 일은 18개월 동안 일어나지 않았다. 기다리는 동안, 하나님의 임재 속에 들어가는 것은 점점 더 어려워졌고 나중에는 불가능하게 느껴지기까지 했다. 나는 그 어느 때보다도 더 많이 기도했지만, 아무 소용도 없는 것 같았다. 뿐만 아니라, 내가 청년부에 가졌던 비전도 사라져 갔다(묵은 포도주가 비워지고 있었다). 내가 기도를 하면 할수록, 그 비전은 점점 희미해져 갔다. 밖으로는 아무것도 변한 것이 없었지만, 안에서는 갈망이 사라지고 있었다. 나는 기억나는 모든 죄를 자백했지만, 내가 겪고 있던 메마름은 해갈되지 않았다. 어느 날 내가 지은 죄가 정확하게 무엇인지 알아내려고 고심하고 있을 때, 주님은 나에게 말씀하셨다.

"네가 광야에 있는 것은 네가 죄를 지었기 때문이 아니라, 앞으로 올 변화를 위해서 너를 준비시키는 것이다."

나는 청년부 예배 전에 몇 시간씩 기도하곤 했다. 그리고 두 번은 설교할 다른 사람을 구하시라고 하나님께 애걸하기까지 했다. 내가 청년부 예배를 인도하는 동안에는 하나님의 임재가 마치 담요와 같이 나를 덮었지만, 예배가 끝나고 집으로 가는 순간부터 다음 주일까지, 하나님의 임재는 떠났다! 이런 와중에 우리는 한 번도 체험하지 못한 그런 내적, 외적 시련들을 통과했다.

이런 광야생활을 1년 정도 보낸 후에, 하나님은 금식하라는 마음을 주셨다. 약 일주일 정도 금식한 후에, 내 입에서 나와서 내 귀로 들은 기도가 있다. 그것은 내 생각을 통하지 않은 내 마음의 외침이었다.

"주님, 제가 한 사람도 없는 광야의 한가운데에 있든지, 수백만 명 앞에서 설교를 하든지, 그것은 상관이 없습니다. 저는 어떤 곳에서든 똑같은 일을 할 것입니다. 저는 당신의 마음을 원할 것입니다."

그 순간 갑자기 깨달아지면서, 하나님께서 하고 계시는 일을 보았다. 그리고 주님께 이렇게 고백했다.

"하나님, 그것이 바로 당신이 내 속에 일하고 계시는 것입니다. 주님은 제가 주님을 사역이나 다른 어떤 것이 아니라, 나의 유업이요 나의 첫사랑으로 인정할 수 있는 곳으로 나를 인도해 주셨습니다. 그래서 변화가 찾아왔을 때, 나는 사역을 우상으로 만들지 않을 것입니다. 나의 첫사랑이신 주님을 떠나지 않을 것입니다. 주님을 대신해서 그 사역을 사랑하지도 않을 것입니다. 나의 마음은 바로 서 있을 것입니다."

그 다음에 나는 하나님께서 다윗에 대하여 말씀하신 것을 상기했다.

"다윗을 왕으로 세우시고 증언하여 이르시되 내가 이새의 아들 다윗을 만나니 내 마음에 맞는 사람이라 내 뜻을 다 이루리라 하시더니" (행 13:22).

사울은 자기의 사역을 사랑해서 그것을 지키기 위해 사람을 죽이기까지 했다. 다윗은 왕좌를 추구한 사람이 아니라 하나님의 마음을 추구한 사람이었다. 다윗이 광야에 있을 때, 두 번이나 사울을 죽이고 왕좌를 빼앗을 기회가 있었고, 또 주위에 있는 사람들도 그렇게 하라고 권하기까지 했다. 만약 다윗의 동기가 사울과 같았다면, 다윗은 사무엘 선지자를 통해 하나님께서 약속하신 그 왕좌를 얻기 위해서 사울을 죽였을 것이다.

오늘날에도 하나님께서 그들에게 약속하신 것을 얻기 위해 중상모략하고, 헛소문을 퍼뜨리고, 거짓말하는 많은 사람이 있다. 그들은 사울의 계열을 따르고 있다. 그들은 자기의 사역을 지키기 위해서 죽이거나, 사역을 얻기 위해서 죽이는 일들을 한다.

하나님은 높은 지위가 아니라 하나님을 추구하는 마음을 가진 '다윗'을 찾고 계신다. 성령의 새 포도주의 압력(성령의 기름 부음과 임재)을 지탱할 수 있는 것은 하나님의 인격이다. 인격은 우리가 닮아가고 싶은 사람을 추구함으로 계발되는 것이다.

변화가 올 것이라는 하나님의 말씀을 받은 후 약 6개월이 지났다. 어느 날 회의를 하고 있는데 담임 목사님이 들어오셔서, 부목사들(당시 열 명의 부목사들이 있었다) 중에 한 사람은 곧 전임 순회 사역을 할 것이고, 더 이상 부목사로 사역하지 않을 것을 하나님께서 보여 주셨다고 말했다. 그리고 담임 목사님은 "존 비비어, 바로 당신입니다"라고 말했다.

두세 달 후에, 불과 3주 동안, 나는 일곱 번의 설교 초청을 받았다. 캘리포니아에서, 텍사스 멕시코 국경 근처에서, 동부 해변 지역에서, 캐나다 국경에서 한 시간 거리에 있는 곳에서, 그리고 다른 세 지역. 내가 어떻게 할 것인지에 대해 담임 목사님께 상의했을 때 그는 이렇게 말했다.

"존, 하나님께서 나에게 이것을 보여 주셨다고 말한 적이 있지요. 당신의 때가 온 것 같소."

얼마 후에 담임 목사님은 나와 아내에게 안수해 주었고, 그때부터 우리는 전임 순회 사역을 해오고 있다.

하나님께서는 18개월 동안 광야에서 우리 삶과 사역에 일으키실 변화를 위해 우리를 준비시켰다. 그 기간 동안, 하나님은 그런 사역에 대한 소명을 감당할 수 있는 인격을 내 속에서 계발하셨다. 이사야 43장 18-19절을 읽어 보자.

> 너희는 이전 일을 기억하지 말며 옛날 일을 생각하지 말라 보라 내가 새 일을 행하리니 이제 나타낼 것이라 너희가 그것을 알지 못하겠느냐 반드시 내가 광야에 길을 사막에 강을 내리니

하나님은 길이 없는 것 같고, 모든 것이 악화되는 것 같은 광야에서 이 사역을 탄생시켰다.

하나님께서 낡은 포도주를 버리시고, 새로운 것이 오고, 시련이 새로운 것을 강타할 때, 당신은 낡은 것으로 돌아가기를 바라지 않을 것이다. 하나님은 변화를 위해 우리가 준비되도록 광야를 사용하신다.

제14장
변화에 찾아오는 저항

하나님께서 우리를 아시는 것과 같이
우리가 하나님을 아는 것,
그 목표를 이루기까지
우리는 결코 만족하지 못할 것이다.

형제들아 나는 아직 내가 잡은 줄로 여기지 아니하고

오직 한 일 즉 뒤에 있는 것은 잊어버리고

앞에 있는 것을 잡으려고 푯대를 향하여

그리스도 예수 안에서 하나님이 위에서 부르신

부름의 상을 위하여 달려가노라

(빌 3:13-14)

우리의 삶에서 하나님께서 위에서 부르신 푯대나 결과를 추구하기 위해서, 마음속으로 결정해야 할 첫 번째 일은 우리가 아직 그것을 잡거나 얻지 못했다는 것이다. 우리는 완전하지 못하다. 그래서 계속해서 성장해야 한다.

바울은 신약의 3분의 2를 저술했고, 많은 이방인 교회를 개척했다.

그의 사역은 전 세계로 퍼져 나갔다. 그러나 그의 생애 마지막에, "나는 아직 내가 잡은 줄로 여기지 아니하고"라고 고백했다. 그는 만족하지 못했다. 바울은 하나님께서 위에서 부르신 푯대에 도달할 때까지는 결코 만족하지 못했을 것이다.

이와 똑같은 모습을 모세에게서 볼 수 있다. 모세는 회중이 300만 명이나 되는 거대한 사역을 감당했고, 구약성경에서 어느 누구와도 비교할 수가 없는, 기적적인 표적과 기사들에 관여하였다. 그러나 하나님은 모세가 세상에서 가장 온유한(가장 가르침을 받을 수 있는) 사람이었다고 말씀하셨다. 그는 푯대를 아직 잡은 줄로 여기지 않았고 계속해서 하나님께서 위에서 부르신 소명을 좇아갔다. 자라고 변화되기 위해서는 가르침을 받아야 한다.

하나님께서 위에서 부르신 푯대를 추구하기 위해서 우리가 해야 할 두 번째 일은 뒤에 있는 것들(승리와 참패)을 잊어버리는 것이다. 이사야 43장 18-19절에서 하나님의 말씀을 읽어 보자.

"너희는 이전 일을 기억하지 말며 옛날 일을 생각하지 말라 보라 내가 새 일을 행하리니 이제 나타낼 것이라 너희가 그것을 알지 못하겠느냐 반드시 내가 광야에 길을 사막에 강을 내리니."

만약에 과거의 실패, 거절, 죄가 기억 속에 살아 있다면, 우리가 그리스도 안에서 앞으로 전진해 나가는 것을 방해할 것이라는 데 동의할 것이다. 그러나 과거에 승리한 것 역시 우리가 전진해 나가는 것을 방해할 것이다. 만약 우리가 자신을 확신하고, 자신을 믿는다면, 그리고 자신을 유지하고 인정하기 위해 과거의 업적을 의지한다면, 하나님께서 현재 우리를 위해 계획하신 것들을 놓치게 될 것이다. 이것이 바로 하나님께서 이사야 43장에서 하시는 말씀이다.

이전 일은 하나님에게서 온 것들이다. 하나님이 위에서 부르신 푯대에 도달하기 위해서, 과거에 우리를 통해서 역사하신 그 방법에서 떠날 준비를 해야 한다.

바울은 고린도전서 13장 11-12절에서 다음과 같이 말했다.

"내가 어렸을 때에는 말하는 것이 어린 아이와 같고 깨닫는 것이 어린 아이와 같고 생각하는 것이 어린 아이와 같다가 장성한 사람이 되어서는 어린 아이의 일을 버렸노라 우리가 지금은 거울로 보는 것 같이 희미하나 그 때에는 얼굴과 얼굴을 대하여 볼 것이요 지금은 내가 부분적으로 아나 그 때에는 주께서 나를 아신 것 같이 내가 온전히 알리라."

어린아이는 잘못이 없다. 단지 미숙할 뿐이다. 5세 때, 나의 전 세계는 톤카 트럭과 레고 블럭이었다. 중요한 일은 알파벳을 말하는 것이었다. 나는 어두운 거울을 통해 삶을 보고 있었다. 나는 사물을 판단할 만큼 성숙하지 못했기 때문에, 세상을 분명하게 볼 수 없었다.

18세가 되었을 때, 톤카 트럭들은 과거의 것이었다. 몇 년 동안 성숙하는 과정을 거친 후에, 완전하게 맑은 거울은 아니지만, 그렇게 어둡지 않는 거울을 통해 삶을 보고 있었다. 삶을 이해하는 나의 수준과 포용력이 자라나 있었다. 18세가 된 사람이 5세 어린아이와 같이 행동한다면, 그것은 비정상적이다. 우리는 자라면서 지나간 일이나 어린아이 같은 생각과 방법들을 버리거나 잊는다. 그것들은 우리에게 더 이상 필요하지 않고 기쁨을 주는 것이 아니다.

마찬가지로, 하나님 안에서 자라나는 동안, 우리는 삶의 단계를 통해 진보하면서 지난 일들과 성숙하지 못했던 일들을 버려야 한다. 바울은 지금은 우리가 하나님의 방법과 영광을 희미하게 보지만, 위에서 부르신 푯대를 추구해 감에 따라, 주님과 얼굴을 대면하여 볼 때까지, 점점 더 명확하게 볼 것이라고 했다. 바꾸어 말하면, 하나님께서 우리를 아시는 것 같이 우리가 하나님을 알게 될 것이다.

하나님께서 위에서 부르신 푯대 혹은 목표가 무엇인가? 바울은 위에서의 부르심에 대한 말씀에서 그 대답을 한 바 있다. 빌립보서 3장 10절이다.

"내가 그리스도와 그 부활의 권능과 그 고난에 참여함을 알고자 하여 그의 죽으심을 본받아."

하나님께서 위에서 부르신 푯대는 하나님의 아들, 예수 그리스도의 형상을 본받는 것이다. 주님이 우리를 아시는 것과 같이 우리가 주님을 아는 것이다. 그 목표를 달성하기까지는, 우리는 결코 만족할 수 없다. 그렇기 때문에 하나님의 마음을 간구하는 일을 중단해서는 안 된다.

요약해서 말하면, 첫 번째로 우리는 위에서 부르신 푯대에 이르지 못했다는 것을 인정해야 한다. 두 번째로 우리는 지나간 일들을 잊어야 한다.

우리가 삶 속에서 하나님께서 위에서 부르신 푯대를 추구하기 위해 해야 할 세 번째 일은 '푯대를 향하여 달려가는 것'이다. '달려가다'는 말에서 저항이나 압력을 받게 된다는 것을 알 수 있다.

하나님을 알려고 할 때 이를 반대하는 세력이 있다. 마귀에게 가장 큰 위협은 한 사람이 예수 그리스도의 형상을 본받는 것이다. 어두움의 세력들은 무엇보다도 더 강하게 저항할 것이다. 한 사람이 그리스도의 형상을 본받을 때, 그는 더 이상 자신을 위해 살지 않고 그 안에 사시는 예수님을 위해 살게 된 그때, 그는 하나님의 거룩한 방법 속으로 들어가는 것이다.

그것이 바로 바울이 주님을 알기 위해서, 그 고난에 참여함을 알아야 한다고 말한 이유다. 육신의 고난은 자아를 죽게 함으로, 부활의 생명을 가져올 것이다.

베드로전서 4장 1-2절이다.

"그리스도께서 이미 육체의 고난을 받으셨으니 너희도 같은 마음으로 갑옷을 삼으라 이는 육체의 고난을 받은 자는 죄를 그쳤음이니 그 후로는 다시 사람의 정욕을 따르지 않고 하나님의 뜻을 따라 육체의 남은 때를 살게 하려 함이라."

육체의 고난을 받은 자는 죄를 그쳤다. 그들은 그들 가운데 역사하시는 그리스도의 인격을 가진 자들이다. 이것이 우리가 집중해야 할 목표다. 그리스도의 고난은 무엇인가? 많은 사람들이 오해하고 있다. 종교는 많은 사람들이 하나님의 말씀을 회피하도록 그것을 악용해 왔다. 고난은 질병으로 죽거나 청구서를 지불할 돈이 없이 궁핍한 것이 아니다. 그것은 당신이 희생해서 하나님의 마음을 움직이려는 몇 주간의 금식도 아니다. 고난은 희생이 아니다. 그것은 순종이다!

베드로는 2절에서 고난의 문제에 답을 한다.

"그 후로는 다시 사람의 정욕을 따르지 않고 오직 하나님의 뜻을 따라 육체의 남은 때를 살게 하려 함이라"(벧전 4:2).

'그리스도의 고난'이 의미하는 것은 우리의 생각이나 감정이나 육체의 감각들이 우리에게 쉽고 즐거운 길로 가라고 유혹할 때, 하나님의 길을 가는 것이다. 하나님께서 우리에게 한 길로 가라고 하시지만, 친구들이나, 가족들, 직장 동료들이 다른 길로 가기 원할 때, 우리가 만나는 투쟁이 고난인 것이다. 우리는 보통 우리와 가장 가까운 사람들과 이런 일로 부딪히게 된다.

전형적인 예는 베드로가 그분의 죽으심과 장사됨에 관해 예수님과 의견이 다를 때다.

> 이 때로부터 예수 그리스도께서 자기가 예루살렘에 올라가 장로들과 대제사장들과 서기관들에게 많은 고난을 받고 죽임을 당하고 제삼일에 살아나야 할 것을 제자들에게 비로소 나타내시니 베드로가 예수를 붙들고 항변하여 이르되 주여 그리 마옵소서 이 일이 결코 주께 미치지 아니하리이다 예수께서 돌이키시며 베드로에게 이르시되 사탄아 내 뒤로 물러 가라 너는 나를 넘어지게 하는 자로다 네가 하나님의 일을 생각하지 아니하고 도리어 사람의 일을 생각하는도다 하시고 (마 16:21-23)

예수님은 예루살렘에 올라가셔서 고난을 받고, 죽임을 당하고, 제삼일에 살아나실 것을 제자들에게 선포하셨다. 베드로는 예수님의 말씀 중에 '부활 부분'을 듣지 않은 것이 분명하다. 그렇지 않다면, 예수님이 다가올 죽음에 대하여 언급하신 것에 그렇게 고심하지 않았을 것이다.

당신은 베드로의 생각을 들을 수 있는가?

"예수님, 잠깐만요. 당신은 메시아입니다(베드로에게 예수님이 메시아로 계시되었다). 그리고 당신은 메시아의 왕국을 세우시고, 이스라엘을 회복하시기로 예정되어 있습니다. 나는 당신을 따르려고 사업과 아내와 가족들을 떠났습니다. 당신을 따르려고 친구들을 잃었습니다. 여기에 시간을 투자했습니다. 회당의 지도자들은 당신을 미쳤다고 생각합니다. 신문들은 당신이 얼마나 물의를 일으키는 사람인지를 끊임없이 기사화하고 있습니다. 명성 있는 신학자들은 당신을 이단으로 규정하고 있습니다. 그런데 당신은 지금 죽음에 대해 말씀하고 계십니다. 그러면 나는 어떻게 됩니까? 지금까지 줄곧 당신을 따르는 데 모든 것을 투자했는데, 나는 모든 것을 잃게 됩니다."

그런 다음 베드로는 불쑥 이렇게 말한다.

"안 됩니다, 주님, 그렇게 하시면 안 됩니다!"(의역)

예수님은 즉시 베드로의 생각이 세상 사람들이 생각하는 방법과 같다고 지적하셨다. 세상은 자신의 이익만을 살피도록 사탄에('이 세상의 신', 고후 4:4) 의해서 길들여져 있다. 천국은 그와 정반대다. 그렇기 때문에 하나님의 뜻을 이루기 위해서, 우리는 사람들의 흐름에 거슬러서 올라가야 한다. 그것은 비록 '주 안에서 형제'라 할지라도, 하나님의 뜻대로 새롭게 거듭나지 못한 마음을 가진 자라면, 그 사람과 대항해 나가야 한다는 것을 의미한다. 베드로는 악한 사람이 아니었지만, 이번 문제에 있어서 그의 생각은 그리스도를 본받은 것이 아니라 세상을 본받은 것이었다.

이것에 대한 다른 예는 가나안 땅을 정탐한 이스라엘 자손들이다. 하나님께서 그들에게 주신 '약속의 땅'을 정탐할 사람들을 보내라고 모세에게 말씀하셨을 때, 그들은 이미 광야에서 1년 넘게 지내고 있었다. 모세는 각 지파에서 한 사람씩 열둘을 택했다. 그중에 여호수아와 갈렙이 있었다.

그들이 그 땅을 정탐하고 돌아왔을 때, 그들은 무엇을 보았는지, 그리고 무엇을 해야 할 것인가에 대해서 서로 엇갈리는 보고를 했다. 열 명의 보고다.

"그 땅 거주민은 강하고 성읍은 견고하고 심히 클 뿐 아니라 거기서 아낙 자손을 보았으며 아말렉인은 남방 땅에 거주하고 헷인과 여부스인과 아모리인은 산지에 거주하고 가나안인은 해변과 요단 가에 거주하더이다 … 우리는 능히 올라가서 그 백성을 치지 못하리라 그들은 우리보다 강하니라 하고 이스라엘 자손 앞에서 그 정탐한 땅을 악평하여 이르되 우리가 두루 다니며 정탐한 땅은 그 거주민을 삼키는 땅이요 거기서 본 모든 백성은 신장이 장대한 자들이며…"(민 13:28-32).

갈렙과 여호수아는 다른 보고를 했다.

"갈렙이 모세 앞에서 백성을 조용하게 하고 이르되 우리가 곧 올라가서 그 땅을 취하자 능히 이기리라 하나 여호와께서 우리를 기뻐하시면 우리를 그 땅으로 인도하여 들이시고 그 땅을 우리에게 주시리라 이는 과연 젖과 꿀이 흐르는 땅이니라 다만 여호와를 거역하지는 말라 또 그 땅 백성을 두려워하지 말라 그들은 우리 먹이라 그들의 보호자는 그들에게서 떠났고 여호와는 우리와 함께 하시느니라 그들을 두려워하지 말라"(민 13:30, 14:8-9).

열두 명 모두가 함께 가서 똑같은 것을 보았다. 똑같은 땅, 똑같은 성읍, 똑같은 족속들을 보았다. 그런데 왜 열 명과 두 명은 각기 다른 것을 보고 돌아왔을까?

하나님은 갈렙과 여호수아에 대해 그들의 마음이 그들과 달라서 하나님을 온전히 따랐다고 말씀하셨다(민 14:24). 바꾸어 말하면, 그들은 사람들의 갈망을 따르지 않고 하나님의 뜻을 따랐다. 이것이 왜 열 명은 여호수아나 갈렙과 다르게 보았는지를 이해하는 열쇠다. 열 명은 하나님께서 원하시는 것보다 그들의 안락과 안전과 가족들에 더 관심을 가졌던 것이다. 그들은 하나님의 뜻이 아니라, 사람들의 욕망과 일치하는 삶을 살고 있었다. 그들의 삶은 하나님의 나라가 아니라, 그들에게 영향을 끼치는 것에 이끌렸다.

이것은 나머지 백성들에게도 마찬가지였다. 그들은 다음과 같이 말했기 때문이다.

"… 우리가 애굽 땅에서 죽었거나 이 광야에서 죽었으면 좋았을 것을 어찌하여 여호와가 우리를 그 땅으로 인도하여 칼에 쓰러지게 하려 하는가 우리 처자가 사로잡히리니 애굽으로 돌아가는 것이(우리를 위해서) 낫지 아니하랴"(민 14:2-3).

그들은 하나님께서 원하시는 것보다 자기들에게 더 좋은 것에 관심이 있었다. 그 결과로 그들은 약속의 땅을 보지 못했다. 그들은 그들의 삶을 위해서 하나님께서 위에서 부르신 소명을 결코 붙잡을 수가 없었다.

그러나 여호수아와 갈렙은 돌진했다. 그들이 직면해야 했던 반대 세력은 그들 자신의 '형제들'이었다. '형제들'이 그들에게 어떻게 했는지 보라.

"온 회중이 그들을(갈렙과 여호수아) 돌로 치려 하는데"(민 14:10).

여호수아와 갈렙이 겪어야 했던 고난은 형제들의 반대였다. 형제들의 마음은 새롭게 변화를 받지 못했고, 그들은 아직도 세상을 따라 세상이 하는 것 같이 생각하고, 사물을 바라보았다.

바울은 뒤에 있는 것들을 잊고, 하나님께서 위에서 부르신 푯대를 향하여 달려간다고 말했다.

이사야 43장 18-19절이다.

"너희는 이전 일을 기억하지 말며 옛날 일을 생각하지 말라 보라 내가 새 일을 행하리니 이제 나타낼 것이라 너희가 그것을 알지 못하겠느냐 반드시 내가 광야에 길을 사막에 강을 내리니."

이스라엘 자손은 배가 부르고 편안했던, 애굽에서의 일들을 그리워하고 있었다. 비록 그들이 애굽에서 종살이했지만, 지금 그들이 직면해 있는 상황은 종살이보다 더 어렵게만 보인다.

불행하게도, 이런 일은 오늘날에도 여전하다. 지금도 하나님의 뜻을 따라가기보다는 오히려 현재의 속박에 묶여 지내기를 원하는 사람들이 많이 있다. 그들은 현재 그들에게 익숙한 압제적인 환경보다 앞에 있는 변화를 더 두려워한다. 과거에 하나님께서 행하신 것들에 만족하며, 새로운 도전을 향해 전진해 나가기를 꺼려하는 사람들도 있다. 하나님의 뜻대로 생명과 자유를 얻을 것이다. 그것은 참 실현을 가져오는 유일한 길이다.

그러나 위에서 부르신 소명을 향해 전진해 가는 것은 육적인 눈으로 보면 불가능하게 보일 것이다. 하나님은 새로운 일을 행하시리라 말씀하셨다. 그러나 그 일은 광야에서 일어날 것이다. 바꾸어 말하면, 우리가 하나님께서 원하시는 것을 향하여 성령님을 따라가면, 성령님은 우리를 모든 것이 불가능하게 보이는 광야로 인도하실 것이다. 그러나 사람에게 불가능하게 보이는 것도 하나님께는 가능하다.

오, 성도여! 반대가 있더라도 하나님을 추구하는 것을 절대 중단하지 마라. 하나님은 결코 당신을 쉬운 곳으로 인도하시지 않을 것이다. 전쟁이 크면 클수록 그만큼 더 큰 승리를 얻기 때문에, 하나님은 당신을 험한 곳으로 인도하실 것이다. 만약 당신의 삶을 사랑한다면, 당신은 험한 곳에서 중단할 것이다. 추구하던 것을 중단하고 열매가 없는 삶에 안주할 것이다. 앞에 놓여 있는 것을 참아내는 유일한 길은 당신의 삶을 버리는 것이다.

요한계시록 12장 11절이다.

"또 우리 형제들이 어린 양의 피와 자기들이 증언하는 말씀으로써 그를 이겼으니 그들은 죽기까지 자기들의 생명을 아끼지 아니하였도다."

하나님의 뜻보다 자기 자신에게 더 관심이 있는 사람들은 자기의 생명을 사랑하는 자들이다. 예수님은 말씀하셨다.

"누구든지 제 목숨을 구원하고자 하면 잃을 것이요 누구든지 나를 위하여 제 목숨을 잃으면 찾으리라"(마 16:25).

· Part ·
5

광야에서의 승리

누가 우리를 그리스도의 사랑에서 끊으리요 환난이나 곤고나 박해나 기근이나 적신이나 위험이나 칼이랴 그러나 이 모든 일에 우리를 사랑하시는 이로 말미암아 우리가 넉넉히 이기느니라(롬 8:35, 37)

Victory in the Wilderness

Growing Strong in Dry Times

제15장
계시의 장소

변화하거나 전환하기 위해서
우리는 안락한 것들, 안정된 것들, 익숙한 것들에서
기꺼이 떠나야 한다.

의를 따르며 여호와를 찾아 구하는 너희는 내게 들을지어다 너희를 떠낸 반석과 너희를 파낸 우묵한 구덩이를 생각하여 보라 너희 조상 아브라함과 너희를 낳은 사라를 생각하여 보라 아브라함이 혼자 있을 때에 내가 부르고 그에게 복을 주어 창성하게 하였느니라 나 여호와가 시온의 모든 황폐한 곳들을 위로하여 그 사막을 에덴 같게, 그 광야를 여호와의 동산 같게 하였나니 그 가운데에 기뻐함과 즐거워함과 감사함과 창화하는 소리가 있으리라(사 51:1-3)

아브라함은 모든 믿는 자들의 조상이다(롬 4:11-16). 하나님께서 아브라함이 홀로 있을 때에 불렀다고 말씀하신 것을 주의해서 보라. 우리는 14장에서 변화, 전환하기 위해서는 기꺼이 안락한 것들, 안정된 것들, 익숙한 것들을 떠나 성령의 인도로 광야로 가야만 한다는 것을 보았다. 전환하는 사람은 선천적인 유업, 사회적인 유업, 종교적인 유업을 기꺼이 떠나 성령님과 함께 나아가야 한다. 아브라함은 하나님의 부르심을 위해, 가족, 친구들, 유업을 떠나야만 했다. 하나님을 알기 위해서 아브라함은 떠나야만 했고, 하나님을 따라 그에게 보여 주실 땅으로 가야만 했다.

하나님은 순종의 결과로 아브람을(하나님께서 이름을 바꿔주시기 전의 이름) 축복하시고 높여 주셨다. 그러나 그가 평안한 환경을 떠나 하나님께서 인도하신 땅에 도착했을 때, 그곳에는 심한 기근이 계속되고 있었다.

잠시 눈을 감고 그 상황을 상상해 보라. 하나님은 아브람을 축복하시고, 그로 큰 민족을 이루고, 그 이름을 창대하게 하리라 약속하신다. 아브람은 하나님을 따르기 위해 모든 것을 버린다. 그리고 그 땅에 왔을 때, 기근이 너무 심해 그 땅에서 거주할 수가 없었기 때문에 살기 위해 애굽으로 간다(창 12:1-10).

이 지점에서 대부분의 사람들은 하나님을 놓쳤다고 생각하고 막 떠나온 곳으로 돌아갈 것이다. 이것이 아브람과 우리의 차이점이다. 아브람은 주위의 환경이 하나님을 믿는 그의 믿음에 영향을 끼치지 못하도록 했다. 하나님은 기근 중에도 번식시키는 능력이 있다는 것을 아브람은 알았다. 이것은 우리 모두가 곧 배우게 될 교훈이다.

하나님은 장차 우리를 통해 행하고자 의도하신 위대한 것들을 보여 주시고, 그 다음에는 우리를 준비시키기 위해 곧장 광야로 인도해 가신다. 사무엘 선지자가 다윗이 다음 왕이 될 것이라고 예언을 했지만 그 후 얼마 안 있어, 다윗은 굴 속에 거주하며 광야에서 방랑하고 있었다.

요셉은 위대한 미래를 꿈꾸었다. 하나님은 그를 위대한 지도자로 만드실 예정이었다. 그의 아버지, 어머니, 형제들이 그에게 절하게 될 것이다. 그런데 요셉은 구덩이에서 노예로, 그리고 지하 감옥을 전전하면서 13년의 세월을 보냈다.

모세는 40세에 그의 형제 이스라엘 자손을 애굽에서 구원하는 것 같았다(행 7:23-25). 그러나 모세는 다른 사람의 양을 치며 광야 뒤편에서 40년의 세월을 보냈다.

세례 요한은 위대한 선지자로 불렸다. 그의 아버지는 소명의 비전을 그에게 말해 주었다. 수년이 지난 후, 그는 유대 광야에 있었다.

요단 강에서 하나님은 많은 사람 앞에서 예수님을 하나님의 아들로 선언하셨다. 하나님의 성령이 예수님 위에 비둘기의 형체로 임하셨다. 그리고 예수님은 성령에 이끌리어 광야로 가셨다.

이와 같이 광야는 하나님께서 우리를 시험하시고, 겸손하게 하시고, 연단하시고, 우리 안에 그분의 인격을 심어 주시는 장소다. 그곳은 미래의 사역을 위한 준비의 장소다.

광야에 대해 가장 극적인 것은 하나님께서 이제까지 없었던 새로운 방법으로 자신을 나타내시는 장소라는 것이다. 이사야 51장 3절을 다시 주의해서 읽기 바란다.

"나 여호와가 시온의 모든 황폐한 곳들을 위로하여 그 사막을 에덴 같게, 그 광야를 여호와의 동산 같게 하였나니 그 가운데 기뻐함과 즐거워함과 감사함과 창화하는 소리가 있으리라."

에덴 동산은 하나님께서 아담에게 자신을 나타내셨던 곳이다. 그곳에서 하나님과 아담은 교제했다.

하나님이 불꽃 가운데서 모세에게 나타나셨을 때, 모세는 어디에 있었는가?

> 모세가 그의 장인 미디안 제사장 이드로의 양 떼를 치더니 그 떼를 광야 서쪽으로 인도하여 하나님의 산 호렙에 이르매 여호와의 사자가 떨기나무 가운데로부터 나오는 불꽃 안에서 그에게 나타나시니라 그가 보니 떨기나무에 불이 붙었으나 그 떨기나무가 사라지지 아니하는지라 이에 모세가 이르되 내가 돌이켜 가서 이 큰 광경을 보리라 떨기나무가 어찌하여 타지 아니하는고 하니 그때에 여호와께서 그가 보려고 돌이켜 오는 것을 보신지라 하나님이 떨기나무 가운데서 그를 불러 이르시되 모세야 모세야 하시매 그가 이르되 내가 여기 있나이다(출 3:1-4)

모세는 40년을 광야에서 지냈다. 어느 날 갑자기 하나님은 불꽃 안에서 자신을 나타내시고 "나는 스스로 있는 자니라"고 말씀하셨다. 모세는 "내가 돌이켜 가서 이 큰 광경을 보리라"고 진술한다.

광야에서 당신은 하나님에 대해 굶주리고 갈증을 느낄 것이다. 그렇기 때문에, 하나님께서 자신을 나타내시기를 준비하실 때, 당신은 삶의 현장에서 하나님을 향해 쉽게 돌이켜 갈 수가 있다.

하나님께서 세례 요한에게 자신을 나타내신 곳은 성경학교가 아니라 광야였다. 누가복음 3장 2-3절이다.

"하나님의 말씀이 빈 들에서 사가랴의 아들 요한에게 임한지라 요한이 요단 강 부근 각처에 와서 죄 사함을 받게 하는 회개의 세례를 전파하니."

하나님이 바울 사도에게 신약의 비밀을 나타내신 곳은 아라비아 광야였다.

갈라디아서 1장 16-17절이다.

"그 아들을 이방에 전하기 위하여 그를 내 속에 나타내시기를 기뻐하셨을 때에 내가 곧 혈육과 의논하지 아니하고 또 나보다 먼저 사도 된 자들을 만나려고 예루살렘으로 가지 아니하고 아라비아로 갔다가 다시 다메섹으로 돌아갔노라."

요한 사도가 예수 그리스도의 계시를 받았을 때, 그는 어디에 있었는가?

요한계시록 1장 9절이다.

"나 요한은 너희 형제요 예수의 환난과 나라와 참음에 동참하는 자라 하나님의 말씀과 예수를 증언하였음으로 말미암아 밧모라 하는 섬에 있었더니."

요한이 '예수 그리스도의 계시'를 받은 곳은 황폐한 밧모 섬이다.

하나님은 바로의 지하 감옥에서 요셉에게 자신을 나타내셨다. 요셉은 떡 굽는 자와 술 관리의 꿈을 해석해 주었고, 결국에는 바로 왕의 꿈을 해석하게 되었다.

하나님은 광야에서 다윗에게 자신을 그의 목자, 그의 힘, 그의 방패, 그의 요새, 그리고 여러 다른 모습으로 나타내셨다.

하나님께서 새로운 방법으로 우리에게 자신을 나타내시는 곳은 광야다.

이사야 45장 15절이다.

"구원자 이스라엘의 하나님이여 진실로 주는 스스로 숨어 계시는 하나님이시니이다."

하나님은 자기를 찾지 않는 자에게는 숨어 계신다. 그러나 전심으로 자기를 찾고 또 찾는 자에게는 하나님 자신을 나타내신다.

기억하라. 하나님은 이스라엘 백성을 겸손하게 하고 굶주리게 하기 위해서 광야로 인도하셨다고 말씀하셨다. 그러나 여호수아처럼 하나님에 대해 굶주리는 대신에, 그들은 하나님이 그들의 유익을 위해 그들에게서 가져가신 것들에 굶주려 있었다. 그래서 하나님이 모세에게 하신 것과 같이 그들에게 하나님을 나타내려고 하셨을 때, 그들은 하나님을 거절했다.

신명기에서 우리는 다음과 같은 말씀을 본다.

> 산이 불에 타며 캄캄한 가운데에서 나오는 그 소리를 너희가 듣고 너희 지파의 수령과 장로들이 내게 나아와 말하되 우리 하나님 여호와께서 그의 영광과 위엄을 우리에게 보이시매 불 가운데에서 나오는 음성을 우리가 들었고 하나님이 사람과 말씀하시되 그 사람이 생존하는 것을 오늘 우리가 보았나이다 이제 우리가 죽을 까닭이 무엇이니이까 이 큰 불이 우리를 삼킬 것이요 만일 우리가 우리 하나님 여호와의 음성을 다시 들으면 죽을 것이라 육신을 가진 자로서 우리처럼 살아 계시는 하나님의 음성이 불 가운데에서 발함을 듣고 생존한 자가 누구니이까 당신은 가까이 나아가서 우리 하나님 여호와께서 하시는 말씀을 다 듣고 우리 하나님 여호와께서 당신에게 이르시는 것을 다 우리에게 전하소서 우리가 듣고 행하겠나이다 하였느니라 (신 5:23-27)

하나님은 모세에게 하신 것과 같이 광야에서 자신을 나타내기 원하셨지만, 그들은 뒤로 물러서서 모세에게 "당신이 가서 하나님과 말씀하고, 우리에게 말씀하소서 우리가 들으리이다"라고 말했다. 그들은 하나님을 알지 못했고, 단지 하나님에 대해서만 알았을 뿐이다. 그렇기 때문에, 그들은 하나님께서 그들에게 명령하신 대로 결코 행할 수가 없었다.

하나님을 알지 못했기 때문에, 그들은 그들에게 약속하신 그 땅을 결코 보지 못했다. 그들은 광야에서 죽었다. 하나님께서 우리를 광야로 인도하실 때는 우리를 시험하시고, 요한과 같이, 모세와 같이, 다윗과 같이, 요셉과 같이, 바울과 같이, 우리가 하나님을 갈망할 것인가, 아니면 안락과 쾌락을 갈망할 것인가를 보시기 위함이다.

야고보서 4장 3~8절이다.

> 구하여도 받지 못함은 정욕으로 쓰려고 잘못 구하기 때문이라 간음한 여인들아 세상과 벗된 것이 하나님의 원수 됨을 알지 못하느냐 그런즉 누구든지 세상과 벗이 되고자 하는 자는 스스로 하나님과 원수 되는 것이니라 너희는 하나님이 우리 속에 거하게 하신 성령이 시기하기까지 사모한다 하신 말씀을 헛된 줄로 생각하느냐 그러나 더욱 큰 은혜를 주시나니 그러므로 일렀으되 하나님이 교만한 자를 물리치시고 겸손한 자에게 은혜를 주신다 하였느니라 그런즉 너희는 하나님께 복종할지어다 마귀를 대적하라 그리하면 너희를 피하리라 하나님을 가까이하라 그리하면 너희를 가까이하시리라 죄인들아 손을 깨끗이 하라 두 마음을 품은 자들아 마음을 성결하게 하라

우리가 전심을 다해 하나님을 찾으며 하나님께 가까이 갈 때, 하나

님도 우리를 가까이 하실 것이다. 이스라엘 백성은 하나님께서 원하시는 것보다 자신의 갈망(정욕)에 더 관심이 많았다. 그들은 세상 제도가 가져다주는 안락과 안정을 찾기 위해 간음하는 사람이었다. 모든 사치품과 식량도 애굽 사람들 또는 그들의 군대에서 그들을 구원할 수 없다는 것을 금방 잊어버렸다. 하나님은 우리가 가까이 나아가기 위해서 두 가지를 해야 한다고 말씀하신다.

첫째, 우리는 손을 깨끗하게 해야 한다.

고린도후서 7장 1절이다.

"그런즉 사랑하는 자들아 이 약속을 가진 우리는 하나님을 두려워하는 가운데서 거룩함을 온전히 이루어 육과 영의 온갖 더러운 것에서 자신을 깨끗하게 하자."

죄는 우리를 하나님으로부터 분리시킨다.

이사야 59장 2절이다.

"오직 너희 죄악이 너희와 너희 하나님 사이를 갈라 놓았고 너희 죄가 그 얼굴을 가리어서 너희에게서 듣지 않으시게 함이니라."

둘째, 우리는 마음을 정결하게 해야 한다. 야고보는 "두 마음을 품은 자들아 마음을 성결하게 하라"고 말한다(약 4:8).

두 마음을 품은 사람은 영과 육신 사이에서 마음이 흔들리는 사람이다. 그는 위에 있는 것에 마음을 정하지 못한 사람이다.

골로새서 3장 1-2절이다.

"그러므로 너희가 그리스도와 함께 다시 살리심을 받았으면 위의 것을 찾으라 거기는 그리스도께서 하나님 우편에 앉아 계시느니라 위의 것을 생각하고 땅의 것을 생각하지 말라."

당신이 부지런히 추구하는 것은 당신의 애착이 굳어져 있기 때문이다. '굳어지다'가 중요한 단어다.

어떤 여인이 파마를 하면, 머리카락은 화학적으로 바뀌어지고, 곱슬한 상태로 굳어진다. 이제 그 여인은 곧은 머리카락은 없고, 곱슬거리는 머리카락만 있다. 그 여인의 머리카락은 굳어져 있다. 머리카락을 잡아당겨 곧게 만들 수 있지만, 그것은 곧 굳어진 상태로 돌아갈 것이다.

어떤 사람이 교회에 가고, 성가대에서 찬양도 하고, 기독교적인 활동에 참여할 수도 있지만, 기독교적인 활동을 하지 않을 때, 그의 마음은 어디에 있겠는가? 그의 마음은 애착으로 굳어진 곳에 있을 것이다. 그가 교회를 떠나거나 기독교적인 분위기를 떠날 때, 파마를 한 머리카락이 굳어진 상태로 돌아가는 것 같이, 그의 마음은 그것이 고정된 상태로 곧 돌아갈 것이다.

나는 미국 전역의 교회를 순회하면서, 많은 사람들과 대화를 나누었다. 그들은 집회에서 찬양을 하고, 설교에 동의하며, 교회 봉사를 위해 헌신하지만, 집회 휴식 시간에 그들이 나누는 모든 대화는 돈과 프로스포츠, 옷, 이성, 쇼핑 등 온통 세상 것들이었다. 그들이 이런 것들을 얘기할 때는 신바람이 나서 하지만, 교회에 가거나 성경을 읽거나 기도하는 것은 의무적으로 억지로 한다. 취미를 이야기할 때는 목소리가 흥분되어 있지만, 하나님에 대해 이야기할 때는 축 가라앉는다. 그들의 마음은 어디에 고정되어 있는가? 그리고 당신의 마음은 어디에 고정되어 있는가?

어떤 남자가 한 여인과 사랑에 빠져 약혼을 했다면, 그 남자에게 하루종일 그 여인에 대해 생각하고 이야기하라고 말할 필요가 없다. 그 여인은 항상 그 사람의 마음속에 있기 때문이다. 그 사람은 주변 사람 누구에게나 그 여인에 대하여 이야기할 것이다. 그 여인에 대하여 말할 때면, 그의 목소리에는 생기가 넘친다. 그의 사랑과 마음이 온통 그 여인에게 고정되어 있기 때문이다. 그의 생각은 두 갈래로 나눠져 있지 않다. 그는 다른 여인을 생각하지 않는다. 그는 사랑에 빠져 있다.

다윗은 시편 16편 8절에서 "내가 여호와를 항상 내 앞에 모심이여"라고 말했다. 그의 생각은 두 갈래로 나눠져 있지 않다. 그의 마음은 순수하다. 다윗은 마음에 하나님을 사랑한 것 같이 사랑했던 다른 어떤 것들을 가지고 있지 않았다. 하나님보다 더 사랑하거나, 더 좋아하거나, 더 신뢰하는 것들은 우리에게 우상이다.

시편 24편 3-4절이다.

"여호와의 산에 오를 자 누구며 그 거룩한 곳에 설 자가 누구인가 곧 손이 깨끗하며 마음이 청결하며 뜻을 허탄한 데 두지 아니하며 거짓 맹세하지 아니하는 자로다."

예수님보다 더 사랑하고, 더 좋아하고, 더 신뢰하는 것이 없는 사람은 순수한 마음을 가진 사람이다. 그의 마음속에는 오직 한 마음만 있고, 그의 사랑은 하나님이시다.

예수님은 마태복음 10장 37절에서 말씀하셨다.

"아버지나 어머니를 나보다 더 사랑하는 자는 내게 합당하지 아니하고 아들이나 딸을 나보다 더 사랑하는 자도 내게 합당하지 아니하며."

광야에 있는 동안, 다윗과 모세와 바울, 그리고 다른 위대한 하나님의 사람들처럼, 깨끗한 손과 성결한 마음으로 하나님께 가까이 나아가자. 자기 삶과 우상을 사랑했고, 하나님을 체험하여 알 수 있었던 기회를 놓친, 이스라엘 백성의 전철을 밟지 말자.

이사야 35장 1-2절 말씀이다.

"광야와 메마른 땅이 기뻐하며 사막이 백합화 같이 피어 즐거워하며 무성하게 피어 기쁜 노래로 즐거워하며 레바논의 영광과 갈멜과 사론의 아름다움을 얻을 것이라 그것들이 여호와의 영광 곧 우리 하나님의 아름다움을 보리로다."

하나님의 영광이 나타나는 곳이 광야다.

Growing Strong in Dry Times

제16장
우물에서 물을 길음

많은 사람들이 메마른 시절에 포기한다.
그러나 하나님은 "계속해서 앞으로 나아가라.
중단하지 마라"고 말씀하신다.

> 명절 끝날 곧 큰 날에 예수께서 서서 외쳐 이르시되 누구든지 목마르거든 내게로 와서 마시라 나를 믿는 자는 성경에 이름과 같이 그 배에서 생수의 강이 흘러나오리라 하시니 이는 그를 믿는 자들이 받을 성령을 가리켜 말씀하신 것이라 (요 7:37-39)

광야는 메마르고 목마른 땅이다(시 63:1). 광야에서는 비가 귀하다. 광야에서 물을 얻기란 쉽지가 않다. 그래서 물은 우물이나 땅에서 솟

....
역자 주: '배'로 번역된 그리스어 '코일리아'는 '코일로스'(속이 빈)에서 유래된 말로 사람의 배, 함축적으로 자궁, 상징적으로 가슴, 심장, 마음, 즉 사람의 가장 깊은 부분을 의미한다. 그래서 영어 성경도 사람의 배, 심장, 마음, 사람의 가장 깊은 곳 등으로 번역한다. 이 책의 저자는 마음으로 해석했다.

아나는 샘물을 퍼 올려야 한다. 예수님은 예수님께 나와서 마시는 자의 배에서 생수의 강이 흘러나오리라고 말씀하셨다. 그것은 우리가 광야에서 체험하는 하나님의 성령의 부으심이(성령의 비가) 아니다. 그러나 물은 마음의 강에서 퍼 올려져야 한다.

메마른 곳에서 하나님의 샘이나 우물에서 생수를 퍼 올리는 것이 중요하다. 예수님은 사마리아의 우물가에서 여인에게 말씀하셨다.

"… 이 물을 먹는 자마다 다시 목마르려니와 내가 주는 물을 마시는 자는 영원히 목마르지 아니하리니 내가 주는 물은 그 속에서 영생하도록 솟아나는 샘물이 되리라"(요 4:13-14).

요한복음 7장 39절에서 우물의 자원은 하나님의 성령이며, 강(단수)이 아니라 강들(복수)이 그의 배에서 흘러나오리라 말씀하신 것을 주의해 보라.

성령은 여러 가지 방법으로 자신을 나타내신다. 이사야 11장 2절은 그분의 나타내심을 몇 가지로 보여 준다.

"여호와의 영 곧 지혜와 총명의 영이요 모략과 재능의 영이요 지식과 여호와를 경외하는 영이 강림하시리니…."

그는 지혜와 총명의 영, 모략과 재능의 영, 지식과 여호와를 경외하는 영이라 불린다.

예수님은 하나님의 영에 관해서 생수의 강으로 자신을 나타내시리라 말씀하셨다. 그렇기 때문에 지혜의 강, 총명의 강, 모략의 강, 전능의 강, 지식의 강, 하나님을 경외하는 강이 있을 것이다.

잠언 18장 4절은 "명철한 사람의 입의 말은 깊은 물과 같고 지혜의 샘은 솟구쳐 흐르는 내와 같으니라"고 말한다.

지혜는 강과도 같다.

잠언 16장 22절은 "명철한 자에게는 그 명철이 생명의 샘이 되거니와 미련한 자에게는 그 미련한 것이 징계가 되느니라"고 말한다.

명철은 또 다른 하나의 강이다.

잠언 20장 5절은 "사람의 마음에 있는 모략은 깊은 물 같으니라 그럴지라도 명철한 사람은 그것을 길어 내느니라"고 말한다.

모략도 역시 강이다.

이런 우물들은 성령이 충만한 신자의 마음속에 있다. 왜냐하면 성령님은 신자의 마음속에 계시기 때문이다. 그러나 이 우물에서 물을 길어 낼 자는 하나님의 방법을 이해하는 사람뿐이다.

앞의 성경 말씀에서 주요 단어는 '길어 내다'이다. 광야에서 생기를 주는 물은 성령의 비에서 오는 것이 아니라 마음에서 길어 내는 것이다.

잠언 10장 11절은 "의인의 입은 생명의 샘이라도 악인의 입은 독을 머금었느니라"고 말한다.

이사야 12장 3절은 "그러므로 너희가 기쁨으로 구원의 우물들에서 물을 길으리로다"라고 말한다.

나는 메마른 시절에 기도하기 위해서 밖으로 나가곤 했지만 기도하기가 어려웠던 경험이 여러 번 있다. 한번은 하나님을 구하기 위해 그날 저녁부터 다음 날 아침까지 철야 기도를 하기 위하여 텐트를 가지고 집에서 떨어져 있는 주립 공원에 간 적이 있다. 그날 밤, 나는 기도하고, 성경을 읽고, 찬양하기 시작했다. 세 시간 정도 이렇게 했지만, 아무런 소용도 없는 것 같이 느껴졌다. 아무것도 새로운 것이 없었다. 나는 극도로 메말라 있었다. 나는 매우 실망한 채 잠자리에 들었다. 그 밤은 마치 마귀들이 내 주위에서 축제를 하는 것 같았다. 다음 날 아침, 일어났지만 별로 상쾌하지 않았다. 나는 방언으로 기도하면서 공원을 걷기 시작했다. 하지만 여전히 메마름을 느꼈다. 이렇게 또 한 시간 반이 지나갔다. 나는 참지 못하고 위를 쳐다보며, "주님, 저는 광야에 있는 것 같습니다"라고 외쳤다. 그때 내 생각은 이러했다. '이제 집에나 가야겠다. 그리고 하나님을 찾기를 그만두는 것이 좋겠다. 하나님께서 나를 이 메마른 곳으로 인도해 오셨으니, 하나님께서 나를 이곳에서 꺼내주시지 않으시면, 아무것도 변하지 않을 것이다.'

이것은 매우 잘못된 생각이다. 하나님은 우리가 절망에 빠지고 포기하도록 이런 메마른 시절로 인도하시는 것이 아니다. 광야는 실패의 장소로 의도된 것이 아니라, 승리의 장소로 의도된 것이다.

뜻밖에도 나는 내 속에서 '싸워라' 하시는 세미한 음성을 들었다. 그 세미한 음성과 함께 번쩍하는 불과 생명이 들어 왔다.

그 즉시 나는 선포하기 시작했다.

"내 속에서 하나님의 은사는 일어나라. 생수의 강들은 흘러나리라. 우물물아 내 영혼 속으로 솟아나라. 우물물아 솟아나라. 그리고 하나님의 강들은 흘러나오리라."

광야에서 이스라엘 백성에게 일어났던 일을 보라.

"거기서 브엘에 이르니 브엘은 여호와께서 모세에게 명령하시기를 백성을 모으라 내가 그들에게 물을 주리라 하시던 우물이라 그 때에 이스라엘이 노래하여 이르되 우물물아 솟아나라 너희는 그것을 노래하라"(민 21:16-17).

나는 계속해서 이 말들을 반복하면서 능력과 불로 기도하며 하나님의 말씀을 선포했다. 천천히 걸으며 그 길을 올라갔다 내려갔다 하는 사이에, 기도는 점점 강렬해졌다. 모든 것이 새로웠고 나는 다른 사람 같았다. 하나님의 임재가 강하게 나타났다. 불과 몇 분 전만 해도, 나는 무겁고 나약하게 느꼈지만, 지금의 나는 하나님의 말씀으로 어떠한 적들도 대적할 준비가 되었다. 약 25분 동안 계속된 일이었지만, 나에게는 5분 정도밖에 안 된 것 같았다. 나는 완전히 새롭게 원기를 회복했고 앞으로 나갈 준비가 되었다.

잠언 15장 23절은 "사람은 그 입의 대답으로 말미암아 기쁨을 얻나니…"라고 말한다.

만약 내가 '이제 집에나 가야겠다. 그리고 하나님 찾기를 그만두는 것이 좋겠다. 하나님께서 나를 이 메마른 곳으로 인도해 오셨으니, 하나님께서 나를 이곳에서 꺼내주시지 않으시면, 아무것도 변하지 않을 것이다'라고 말하면서 철야 기도했던 곳에서 걸어 나왔다면, 나는 내가 싸워 왔던 그 답답한 상태로 계속 있었을 것이다.

그러나 나는 하나님께서 내 마음에 넣어 주신 것을 선포했기 때문에, 그것은 내가 우물에서 물을 길어 내는 데 필요한 기쁨을 주었다. 나는 구원의 우물에 물 꼭지를 달고 생기를 부어 주는 물을 끌어내고 있었다. 그것은 마치 광야 한가운데서 시원한 샘물을 마시는 것과 같았다.

많은 사람들이 이런 메마른 시절에 포기한다. 그러나 하나님은 "계속해서 앞으로 나아가라. 중단하지 마라"고 말씀하신다. 우리는 하나님의 뜻이 이루어지기까지, 중단하지 않는 끈기 있는 추진력을 가지고 있어야 한다.

대부분 사람들이 메마름을 느낄 때, 기도하기를 중단한다. 우물에서 물이 나오지도 않고, 또 물을 얻기가 불가능하게 보이기 때문이다. 그들은 연약하다. 그러나 하나님은 장차 그들이 당면해야 할 싸움을 위해서 그들의 힘이 강화되기를 원하신다. 기도의 골방에서 하나님의 임재를 느끼지 못한다고 해서, 하나님이 당신을 거절하신다는 의미는 절대 아니다. 하나님은 당신에게 가까이 다가오고 계신다.

막혀진 우물들을 다시 파다

창세기 26장 1-18절에서 이삭은 메마른 땅에 있다. 1-3절이다.

"아브라함 때에 첫 흉년이 들었더니 그 땅에 또 흉년이 들매 이삭이 그랄로 가서 블레셋 왕 아비멜렉에게 이르렀더니 여호와께서 이삭에게 나타나 이르시되 애굽으로 내려가지 말고 내가 네게 지시하는 땅에 거주하라 이 땅에 거류하면 내가 너와 함께 있어 네게 복을 주고…."

하나님은 이삭에게 평안을 좇아 애굽으로 내려가지 말고 하나님께서 인도해 오신 그 땅에 거주하라고 명확히 말씀하신다. 우리가 메마른 곳에 있다고 생각하는 많은 경우에, 제일 먼저 떠오르는 것은 "나는 이곳을 떠난다!"이다.

만약 기도의 골방이 메마르면, 우리는 스스로 해야 할 모든 것을 생각하고 기도의 골방을 떠난다. 만약 다니는 교회가 메마르게 보이면, '하나님의 역사가 일어나는 교회로 가야지'라고 생각한다. 또는 우리의 사회나 사업이 메마른 것 같이 보이면, 경제적으로 부요한 도시로 찾아 가겠다고 생각한다. '만약 내가 여기 있으면, 나는 말라 버리고, 내 생애에 하나님의 계획이 성취되는 것을 보지 못할 거야'라고 생각한다. 미국에는 이렇게 행동하는 그리스도인들이 많이 있다. 그들은 '메마르지' 않은 교회나 도시를 찾으려고 애쓰며 행사에서 행사로, 교회에서 교회로, 도시에서 도시로 전전한다.

우물을 파거나 하나님이 그들을 사용하셔서 마른 땅에 생기를 일으키시도록 허락하는 대신에, 그들은 쉬운 곳을 찾아간다. 많은 경우에 하나님은 그들에게 주신 비전을 그 메마른 곳에서 실현하기를 의도하신다. 모든 경우가 그렇다고 말하는 것은 아니다. 하나님께서 때로는 새로운 곳을 준비해 두시고, 예전 것은 말라 버리도록 하시는 경우도 있다. 성령의 인도를 받으라. 만약 성령님이 아무 말씀도 하지 않으시면, 그곳에 머물러 싸워야 한다.

하나님께 순종하여 흉년의 땅에 거주한 결과 이삭에게 어떤 일이 일어났는지를 보라.

> 이삭이 그 땅에서 농사하여 그 해에 백 배나 얻었고 여호와께서 복을 주시므로 그 사람이 창대하고 왕성하여 마침내 거부가 되어 양과 소가 떼를 이루고 종이 심히 많으므로 블레셋 사람이 그를 시기하여 그 아버지 아브라함 때에 그 아버지의 종들이 판 모든 우물을 막고 흙으로 메웠더라 그 아버지 아브라함 때에 팠던 우물들을 다시 팠으니 이는 아브라함이 죽은 후에 블레셋 사람이 그 우물들을 메웠음이라 이삭이 그 우물들의 이름을 그의 아버지가 부르던 이름으로 불렀더라(창 26:12-15, 18)

이삭은 농사를 짓기 위해서 필요한 물을 그의 아버지가 팠던 그 우물들을 다시 파서 얻게 되었다. 이 우물들은 블레셋 사람들이 막은 것이다.

오랜 세월 동안, 마귀는 우리의 우물을 메워 왔다. 이삭과 마찬가지로, 하나님의 썩지 아니할 씨가 우리의 마음에 자라기까지 우리는 필사적으로 필요한 물을 메워진 우물들에서 길어 올려야만 한다.

현재 교회(그리스도의 몸) 안에 있는 세속적인 것들이 많은 우물을 메우고 있다. 마귀로 하여금 교회를 유혹하도록 허용했기 때문에, 이전에는 매우 풍성했던 교회가 지금은 매우 메마르게 되었다. 하나님은 우리가 이전에 있었던 곳으로 우리를 회복시키신다. 이것은 개인과 미국 교회 전체에 모두 적용된다. 이사야 58장 11-13절은 다음과 같이 말한다.

> 여호와가 너를 항상 인도하여 마른 곳에서도 네 영혼을 만족하게 하며 네 뼈를 견고하게 하리니 너는 물 댄 동산 같겠고 물이 끊어지지 아니하는 샘 같을 것이라 네게서 날 자들이 오래 황폐된 곳들을 다시 세울 것이며 너는 역대의 파괴된 기초를 쌓으리니 너를 일컬어 무너진 데를 보수하는 자라 할 것이며 길을 수축하여 거할 곳이 되게 하는 자라 하리라 만일 안식일에 네 발을 금하여 내 성일에 오락을 행하지 아니하고 안식일을 일컬어 즐거운 날이라, 여호와의 성일을 존귀한 날이라 하여 이를 존귀하게 여기고 네 길로 행하지 아니하며 네 오락을 구하지 아니하며 사사로운 말을 하지 아니하면

이삭이 편안한 땅을 찾아가거나 쾌락을 추구하지 않은 것 같이, 우

리도(만약 우리가 우리의 방법으로 일하지 않는다면, 우리 자신의 쾌락을 추구하지 않는다면, 우리 자신의 말을 하지 않는다면, 그리고 하나님을 경외한다면) 물 댄 동산과 물이 끊어지지 아니하는 샘 같을 것이다. 하나님은 하나님의 사람들을 통해 메마르고 건조한 곳에 생수를 공급해 주실 것이다.

하나님은 세상이 막아 놓은 우물을 다시 파기 위해서 우리를 인도하신다. 다시 말하면, 그것은 끈질긴 인내력을 요구한다. 한 우물을 다시 열기 위해 한 시간 이상 걸릴 수도 있다. 아니면 두 시간 이상 걸릴 수도 있다. 아니면 하루 이상 걸릴 수도 있다. 한 주간이 걸릴 수도 있다!

당신은 지금 이렇게 묻고 싶을 것이다.

"얼마나 오래 걸릴까요?"

답은 이것이다.

"그것은 문제가 되지 않습니다. 단지 열릴 때까지 계속 파야 합니다."

단지 일정 기간의 기도로 되지 않을 때가 많다. 기도의 골방에 들어갈 때마다, 붙잡고 계속해야 할 것이다.

내가 달라스에 살고 있을 때, 나는 친한 친구와 거의 매일 아침 습관적으로 함께 기도했다. 그는 교회의 부목사 중 한 사람이었고, 나는 담임 목사님과 사모님을 섬기는 사람이었다. 우리는 아침 7시에 방으로 들어갔다. 그리고 방언으로 기도했고 우리의 기도가 진보하는 것을 직감할 수 있었다. 그러나 아침 8시 30분(하루 일과가 시작되는 시간)에는 일하러 가야 했다.

돌파구가 전혀 보이지 않았기 때문에, 시원한 물이 없었기 때문에,

우리는 거의 절망했다. 다음 날이면 기도의 방에 들어와서, 거의 정확하게 전날 그만두었던 그곳에서 다시 기도하곤 했다. 어느 때는 이렇게 하는 것이 이틀이나 걸렸고, 다른 때는 삼 일이 걸렸다. 그리고 특별한 경우에는 일주일이 걸린 적도 있다. 그러나 돌파구가 열렸을 때에는 그 능력과 시원함을 잊을 수가 없다.

미국 전역의 교회를 순회할 때, 나는 자기의 우물이 막히도록 허용하고 그런 상태에서 편안하게 주저 앉아 있는 많은 그리스도인을 알아볼 수가 있었다. 놀라운 사실은 이러한 상태에 있는 사람들이 소수가 아니라 대다수라는 것이다.

만약 이런 사람들이 그들 속에 있는 성령의 은사를 흔들어 깨워 풀어 놓는다면, 어떤 일이 일어나겠는가?

가정이 변할 것이다. 교회가 변할 것이다. 미국이 변할 것이다. 하나님의 선물이 우리 가정, 우리 교회, 우리 나라 안에 잠자고 있다. 그리스도인들이 '성령 충만' 받았다고 자랑하는 동안에 우물들은 막혀 버렸다.

우리가 회복되기까지 교회는 회복되지 못할 것이다. 교회는 하나의 조직이 아니다. 교회는 하나님의 백성이다. 그리고 하나님 백성의 상태가 교회의 상태다.

제17장
광야에서의 승리

예언적 비전은
하나님의 방법으로 보는 것이다.

묵시(예언적 비전)가 없으면 백성이 방자히 행하거니와(잠 29:18)

예언적 비전은 하나님의 시선으로 사물을 보는 것이다. 육신의 눈에는 나타나지 않거나 혹은 일어날 가망성이 없는 것 같이 보일지라도, 하나님이 우리 앞에 정해 주신 삶의 목표를 감지하는 것은 물론이고 우리의 삶의 때와 시기 안에서 하늘의 목적을 분별하는 것이다.

우리는 우리 앞에 놓여 있는 목표를 향해 전진해 나가는 것을 방해하는 세력이 아니라, 하나님의 목적을 바라보아야 한다. 만약 우리가 바른 삶의 목표를 달성하려면, 바른 비전을 가져야 한다. 열심히 경주했지만 잘못된 결승점에 들어섰다면 그것은 정말 안타까운 일이다. 바리새인들은 매우 열성적이며 충실했지만, 그들의 목적은 이기적이었다. 그들은 예언적 비전을 갖고 있지 않았다. 그래서 그들은 올바른 목표를 빗나갔다.

전체 교회로서의 우리와 그분의 몸인 교회의 일원인 당신을 향한 하나님의 목표와 목적이 무엇인가? 에베소서 1장 11절에서 하나님은 "모든 일을 그의 뜻의 결정대로 일하시는 이의 계획(목적)에 따라 우리가 '예정'을 입어(predestined) 그 안에서 기업이 되었으니"라고 말씀하신다. '예정'은 많은 사람들이 오해하는 단어다.

이 말을 이해하기 위해서는 이 단어를 분해해서 어근과 접두사를 살펴보아야 한다. 접두사 'pre'는 '전에' 혹은 '시작 이전에'라는 의미다. 그 어근 'destination'은 '도착 지점' 혹은 '결승선'이란 의미다. 이 둘을 합치면, '시작하기 전에 도착 지점을 정하는 것'이란 뜻이 된다. 그러므로 에베소서 1장 11절은 하나님께서 우리를 창조하시기 전에, 하나님의 뜻 혹은 목적을 이루시기 위해서 인류를 위한 도착 지점을 미리 정해 놓으셨다는 것을 보여 주신다.

로마서 8장 28-29절 말씀이다.

"우리가 알거니와 하나님을 사랑하는 자 곧 그의 뜻대로 부르심을 입은 자들에게는 모든 것이 합력하여 선을 이루느니라 하나님이 미리 아신 자들을 또한 그 아들의 형상을 본받게 하기 위하여 미리 정하셨으니 이는 그로 많은 형제 중에서 맏아들이 되게 하려 하심이니라."

하나님이 창조 전에 계획하신, 우리에게 예정하신 것은 하나님을 사랑하는 우리가 예수 그리스도의 형상을 본받는 것이었다. 우리의 삶이나 사역에서, 우리가 하는 모든 것은 이 목적 또는 목표를 향해야 한다. 하나님께서 당신을 창조하신 목적은 단지 귀신을 쫓아내고, 병든 자를 고치고, 믿지 않는 자에게 전도하는 것이 아니다. 이런 일들을 많이 했지만 결국 결승선을 끊지 못한 사람들이 많이 있었다. 그 이유는 그들의 초점이 사역 자체에 있었고, 사역의 뒤에 있는 목적과 마음이 아니었기 때문이다.

그러면 그 질문에 답변을 해야 한다.

"하나님께서 그 아들의 형상을 본받게 하기 위하여 우리를 예정하신 하나님의 목적이 무엇인가?"

대답은 간단하다. 하나님께서 우리를 사랑하셨기 때문이다. 그리고 "그리스도 예수 안에서 우리에게 자비하심으로써 그 은혜의 지극히 풍성함을 오는 여러 세대에 나타내려 하심이라"(엡 2:7). 하나님께서 우리와 교제하시기를 간절히 소망하셨기 때문이다.

이것이 처음부터 하나님의 목적이었다. 하나님께서 인간을 창조하시고 동산에 두셨을 때, 하나님은 아담을 사랑하셨기 때문에 아담과 함께 동행하며 교제하셨다. 아담의 후손들 가운데 한 사람은 하나님의 목적을 붙잡았다. 그리고 그 사람에 대해 성경은 "에녹이 하나님과 동행하더니 하나님이 그를 데려가시므로 세상에 있지 아니하였더라"(창 5:24)라고 기록한다.

히브리서 기자는 말한다.

"… 그는 옮겨지기 전에 하나님을 기쁘시게 하는 자라 하는 증거를 받았느니라"(히 11:5).

어떻게 에녹은 하나님을 기쁘시게 했을까? 에녹이 위대한 예언 사역을 했기 때문인가? 아니면 에녹이 위대한 전도 사역을 했기 때문인가? 결코 그렇지 않다. 에녹이 하나님과 동행했기 때문이다. 그는 하나님과 교제했다.

하나님께서 과거에 하신 모든 일, 지금 하고 계시는 모든 일, 그리고 미래에 교회에 하실 모든 일은 그 목적을 위한 것이다. 그래서 광야의 목적은 우리에게 예수 그리스도의 형상을 본받도록 그 방향을 지시해 주는 것이다.

만약 우리의 삶에서 하나님의 목적을 보지 못한다면, 우리는 방자히 행할 것이고, 타락하기 시작할 것이다. 또한 교회에서도 우리가 하나님의 목적을 보지 못한다면, 우리는 방자히 행할 것이고, 메마르기 시작할 것이다. 그러면 교회를 움직이는 추진력은 예수 그리스도의 형상을 닮은 제자들을 만드는 것(마 28:19)이 아니라, 성과를 나타내는 것이고 숫자를 늘리는 것이 될 것이다.

잠언 29장 18절을 다시 보자.

"묵시가 없으면 백성이 방자히 행하거니와 율법을 지키는 자는 복이 있느니라."

'방자히 행하다'는 '구속이나 억압을 벗어 버리다'라는 뜻이다. 하나님은 어떤 구속을 말씀하시는가? 그것은 우리가 하나님의 형상과 모양을 본받는 것에서 부족한 어떠한 하위의 부름에도 정착하지 못하게 하는 구속이다. 그것은 우리가 하나님의 완전하신 뜻에서 부족한 것은 어떤 것도 받아들이지 못하게 하는 구속이다. 이 구속은 우리로 하여금 안일하지 못하게 하며, 세상이 하는 방법대로 일하지 못하게 한다. 그것은 육신의 방법으로 일하지 못하게 한다.

비전에 대하여 설명하면, 예수님은 마태복음 6장 22-23절에서 말씀하신다.

"눈은 몸의 등불이니 그러므로 네 눈이 성하면 온 몸이 밝을 것이요 눈이 나쁘면 온 몸이 어두울 것이니 그러므로 네게 있는 빛이 어두우면 그 어둠이 얼마나 더 하겠느냐."

예수님의 말씀을 이해하려면 우리는 예수님이 육신적인 눈을 말씀하시는 것이 아니라는 것을 알아야 한다. 예수님은 마음의 눈, 사물을 감지하는 방법을 말씀하신다.

마음으로 사물을 어떻게 감지하는지는 당신이 그렇게 되어질 것을 나타낸다. 잠언 23장 7절은 "대저 그 마음의 생각이 어떠하면 그 위인도 그러한즉…"이라고 말한다.

현재의 환경과 당면해 있는 처지를 어떻게 감지하는지는 당신이 그것들을 어떻게 해결해 나갈 것인가를 결정할 것이다.

약속의 땅을 정탐하기 위해 갔던 이스라엘 자손의 열두 지도자는 똑같은 광경을 보았다. 그들 모두 똑같은 성벽으로 쌓여진 성읍들, 똑같은 거인들, 똑같은 가나안 나라들의 군대를 보았다. 그러나 그중에 두 명은 다른 열 명이 본 것과 완전히 다른 방법으로 보았다.

두 명은 하나님께서 그곳을 보신 방법으로 감지했고, 열 명은 육신의 눈을 통해 혹은 자기 능력의 눈을 통해 그것을 감지했다. 그들의 눈이 올바로 보지 못했기 때문에, 그들의 행동도(혹은 예수님이 말씀하신 것 같이 '그들의 온 몸이') 역시 올바르지 못했다. 그들은 하나님의 뜻과 모순되는 방법으로 말하고 행동했다. 하나님은 그들의 보고가 '악하다' 혹은 '나쁘다'라고 말씀하셨다. 민수기 14장 28-30절은 그들의 잘못된 인식의 결과를 보여 준다. 하나님은 말씀하신다.

그들에게 이르기를 여호와의 말씀에 나의 삶을 두고 맹세하노라 너희 말이 내

귀에 들린 대로 내가 너희에게 행하리니 너희 시체가 이 광야에 엎드러질 것이라 너희 중에서 이십 세 이상으로서 계수된 자 곧 나를 원망한 자 전부가 여분네의 아들 갈렙과 눈의 아들 여호수아 외에는 내가 맹세하여 너희에게 살게 하리라 한 땅에 결단코 들어가지 못하리라

무엇 때문에 하나님은 그들로 거하게 하리라 한 땅에 결단코 들어가지 못하게 하겠다고 맹세까지 하시는가? 그들은 왜 악한 말을 해서 하나님의 귀에 들리게 했는가? 그것은 그들 앞에 있었던 것을 감지했던 그 방법 때문이다.

그들은 예언적 비전을 갖고 있지 않았다. 그들은 그들 자신의 비전을 갖고 있었다. 그들은 본 대로 말했다. 그들은 하나님의 눈으로 본 것이 아니라, 그들 자신의 제한된 능력으로 보았다.

광야에서 승리하기 위해서는, 사물을 하나님의 시선으로 보아야 한다. 이스라엘 백성은 하나님께서 약속하신 땅으로 정탐꾼을 보내기 전에도 이미 일 년 이상이나 불평을 해왔다. 그들의 비전은 이미 불량했고, 하나님의 구속에서 벗어났기 때문에, 하나님이 그들로 하여금 젖과 꿀이 흐르는 땅을 보도록 허락하셨을 때, 그것을 거절했다.

단지 광야만(광야와 연관된 곤고함) 보는 사람들은 광야에서 죽을 것이다. 약속을 주신 자와 그들 앞에 펼쳐주신 비전에 주목하는 자들은, 하나님의 영광을 위해서 그들 앞에 놓여 있는 약속의 땅을 정복할 준비가 된, 연단된 용사들로서 그 광야에서 나올 것이다.

그러므로 우리가 낙심하지 아니하노니 우리의 겉사람은 낡아지나 우리의 속사

람은 날로 새로워지도다 우리의 잠시 받는 환난의 경한 것이 지극히 크고 영원한 영광의 중한 것을 우리에게 이루게 함이니 우리가 주목하는 것은 보이는 것이 아니요 보이지 않는 것이니 보이는 것은 잠깐이요 보이지 않는 것은 영원함이라(고후 4:16-18)

광야에서 경험하는 고난은 광야에서 얻을 수 있는 것과 비교하면 가벼운 것이다. 그러나 당신이 광야 한가운데 있을 때, 광야 저편에 대한 비전이 없다면, 그것은 믿기 힘들어진다.

지난 날 내가 광야 한가운데 있을 때에는, 그 시간들이 분명히 '한 순간'으로 느껴지지 않았다. 때로 나는 '이것이 끝이 날 것인가? 하나님께서 약속하신 것이 정말 성취될 것인가?'라고 생각했다. 그때는 내가 빨리 그런 생각들을 떨치고 주님 안에서 내 자신을 격려해야만 했다. 나는 전에 내게 주신 예언들을 기억하고, 그 예언들을 따라 선한 싸움을 싸우곤 했다(딤전 1:18). 그 예언들은 성령님이 하나님의 말씀으로 나에게 계시해 주신, 나의 삶을 위한 하나님의 비전이었다.

베드로전서 2장 11절 말씀이다.

"사랑하는 자들아 거류민과 나그네 같이 너희를 권하노니 영혼을 거슬러 싸우는 육체의 정욕을 제어하라."

영혼은 광야의 전쟁터다. 여기서 영혼은 '혼'을 강조한다.

혼은 지능과 감정과 의지로 구성된다. 의지는 당신이 광야에서 하나님의 시선으로 볼 것인가 아니면 당신이 당하는 고통에 집중할 것인가에 따라, 하나님의 방법으로 갈 것인지 아니면 육신의 방법으로 갈 것인가를 결정하는 혼의 부분이다.

한마디로 "누가 초점의 중심인가?"이다. 당신인가, 하나님인가? 당신의 지능과 감정 안에서 싸우는 육신의 정욕은 이기적인 관심사에 초점을 맞춘다. 하나님의 방법은 우리 자신의 방법이 아니라 자기를 부인하는 방법이기 때문에, 우리에게 '예언적 비전'을 갖도록 한다.

현대에 전파되고 있으며, 많은 사람이 받아들이고 있는 복음은 안일한 복음이다. 그 초점은 "하나님은 우리에게 무엇을 간절히 원하시는가?"가 아니라 "하나님께서 나를 위해 무엇을 할 수 있는가?"이다. 안일한 복음은 하나님을 추구할 때 일어나는 고통에 대해서는 조금도 말하지 않는다. 오히려 그것은 육신의 정욕에 호감을 사는 복음이다. 그 복음은 많은 사람들로 하여금 자기 만족의 삶의 스타일에 안주하도록 만든다. 신자들을 그리스도의 군사들로 훈련시키지 않는다.

디모데후서 2장 3-4절은 "너는 그리스도 예수의 좋은 병사로 나와 함께 고난을 받으라 병사로 복무하는 자는 자기 생활에 얽매이는 자가 하나도 없나니 이는 병사로 모집한 자를 기쁘게 하려 함이라"라고 말한다.

'안일한 복음' 때문에, 우리 삶의 과정에서 저항이나 어려움이 닥치면, 우리는 그것을 돌파하기보다는 도피의 길을 찾게 된다. 이런 가르침으로 태어난 비전은 '하늘에서 보이신 비전 혹은 예언적 비전'이 아니라, '이기적 비전'이다.

바울은 사도행전 26장 19-21에서 다음과 같이 말했다.

"아그립바 왕이여 그러므로 하늘에서 보이신 것을 내가 거스리지 아니하고 먼저 다메섹과 또 예루살렘에 있는 사람과 유대 온 땅과 이방인에게까지 회개하고 하나님께로 돌아와서 회개에 합당한 일을 하라 전하므로 유대인들이 성전에서 나를 잡아 죽이고자 하였으나…."

세상에는 많은 비전이 있지만, 그리스도인들에게는 '하늘의 비전' 만 있을 뿐이다. 하늘의 비전은 단 한 가지며, 그것은 하나님 아버지의 뜻이다.

바울 사도가 말한 것을 주의해 보기 바란다.

"… 회개하고 하나님께로 돌아와서 회개에 합당한 일을 하라 전하므로 유대인들이 성전에서 나를 잡아 죽이고자 하였으나."

바울 사도는 하늘의 비전을 추구했으며, 큰 저항을 경험하고 있었다. 만약 바울이 현대에 전파되고 있으며 많은 사람들이 받아들이고 있는 안일한 복음을 믿었더라면, 바울은 결코 이 비전을 완전히 보지 못했을 것이다. 훨씬 오래 전에, 바울이 하나님께서 자기 앞에 정해 놓으신 그 비전을 향하여 걸어가면서 경험한 저항 때문에 도망가려고 했다면, 바울은 아그립바 왕 앞에도 나가지 못했을 것이다.

예레미야는 하늘의 비전을 추구했으며, 순종의 결과로 많은 정신적 박해를 당했다. 어느 날 그는 피곤에 지쳐 있었고, 불평하기 시작했다.

"… 악한 자의 길이 형통하며 반역한 자가 다 평안함은 무슨 까닭이니이까"(렘 12:1).

하나님은 동정적으로 답변하지 않으셨다.

동정심은 당신으로 하여금 자신에게 초점을 맞추도록 하는 원수다. 하나님은 예레미야에게 말씀하셨다.

"네가 보행자와 함께 달려도 피곤하면 어찌 능히 말과 경주하겠느냐 네가 평안한 땅에서는 무사하려니와 요단 강 물이 넘칠 때에는 어찌하겠느냐"(렘 12:5).

바꾸어 말하면, 하나님은 이렇게 말씀하시는 것이다.

"예레미야야, 만약 네가 겨우 마귀의 졸개와 싸우면서 지친다면, 마귀의 기마병들을 만날 때에는 어떻게 하겠느냐?"

좀더 쉽게 표현하면, 하나님은 이렇게 말씀하시는 것이다.

"네가 지금 지쳐 있고 상황이 별로 좋지 않다고 생각한다면, 너는 봐야 할 것을 아직 보지 못한 것이다. 네가 지금까지 겪었던 것보다 박해는 점점 더 심해질 것이다. 각오를 단단히 해라"(저자 의역).

위대한 전쟁이 없다면, 위대한 승리도 없다는 것을 기억해야 한다. 실제로 예레미야가 받은 핍박은 더 심해졌다. 그는 비난을 듣고 감옥에 갇히기까지 했으며, 나중에는 지하 감옥에 던져져 죽게 내버려졌다. 그러나 하나님은 그가 당한 모든 고통과 박해로부터 구원해 주셨다.

오늘날 그리스도의 몸 안에서 경험하는 전쟁은 대부분 바울이 경험했던 육체적 박해가 아니라 정신적 공격이다.

저항이 점점 더 심해질 때, 우리는 무엇을 할 것인가? 우리가 현재 견디고 있는 고통은 장차 더 큰 전쟁을 감당할 수 있도록 우리를 강하게 만든다.

광야는 미래의 전쟁을 위한 신병 훈련소다. 우리가 전쟁에 대비해 군인들을 준비시키기 위해 그들을 신병 훈련소로 보내는 것과 같이, 하나님도 그리스도의 군사로 뽑힌 자들을 장차 부름 받은 사역을 위해 준비시키기 위해서 광야로 보내신다. 훈련소에서 군인들이 넘어야 할 가장 큰 장애물은 바로 자기 자신이다. 마찬가지로, 사람이 광야에서 경험하는 가장 큰 전쟁은 혼의 영역이다.

광야에서 경험한 전쟁은 혼 안에서 일어나는 전쟁이다. 원수의 목적은 당신의 초점을 당신에게 맞추도록 하는 것이다. 그것이 바로 마귀가 광야에서 예수님에게 시도한 것이다. 예수님은 40일 동안 금식하시고 주리셨는데, 마귀가 와서, "네가 만일 하나님의 아들이어든 명하여 이 돌들로 떡덩이가 되게 하라"(마 4:3)고 했다.

그 시험은 육신이 필요한 것을 공급하기 위해서 하나님의 방법을 떠나 하나님의 능력을 사용하는 것이다. 하나님이 우리에게 어떤 은사를 주실 때, 그 은사를 남용하지 말고, 하나님께서 원하시는 대로 잘 관리해야 한다는 엄청난 책임이 따른다는 것을 우리는 늘 기억해야 한다.

하나님은 예수님의 필요를 해결해 주실 것이고, 그것은 하나님의 방법으로 이루어질 것이다. 왜냐하면 마귀가 떠난 후에, 천사들이 와서 예수님을 수종들었기 때문이다.

다시, 예수님께서 자신의 사역에 대해 말씀하신 것을 보면, "진실로 진실로 너희에게 이르노니 아들이 아버지의 하시는 일을 보지 않고는 아무 것도 스스로 할 수 없나니 아버지께서 행하시는 그것을 아들도 그와 같이 행하느니라"(요 5:19)고 하신다.

'보다'라는 말에 유의해야 한다. 예수님은 예언적 비전을 보지 않고는 아무것도 하지 않으셨다.

광야에서 겪는 시험 중 하나는 하나님의 방법을 기다리기보다는 자기 자신의 방법으로 일하는 것이다. 이것은 하나님의 때가 이르기 전에, 무엇인가 얻기 위해 하나님의 능력을 이용하는 폐단을 남길 수가 있다.

당신은 전쟁터에서 한 사병이 상관의 명령에 따라 싸우지 않고, 자기의 방법대로 싸우는 것을 상상할 수 있겠는가? 이것은 그 사병과 주위에 있는 다른 사람들에게 심각한 피해를 초래할 수 있다. 훈련소에서 군인은 복종하는 것을 배운다. 그래야만 전쟁터에서 자신의 생명과 다른 사람들의 생명을 위험하게 만드는 어리석은 모험을 하지 않게 된다. 그는 상관의 명령에 복종할 것이다.

하늘이 우리에게 계시한 것을 항상 간직하는 것이 중요하다. 다음과 같이 생각할 때가 종종 있을 것이다.

'나는 지금 당장 그 답변을 들어야 해!' '나는 지금 일을 시작해야 해! 만약 내가 아무것도 하지 않으면, 모든 것이 산산조각이 날거야!' 만약 하나님이 아무 말씀도 하지 않으시면, "너는 지금 아무것도 할 필요가 없다"라고 말씀하시는 것이다. 이럴 때 당신은 하나님을 기다려야 한다.

"너는 여호와를 기다릴지어다 강하고 담대하며 여호와를 기다릴지어다"(시 27:14).

만약 우리가 하나님께 초점을 맞추지 않고 우리의 필요에 맞추면, 낙심과 답답함이 밀려올 것이다. '가벼운 고통'에 눈을 돌리지 말고, '고통 가운데 우리에게 이루시려는 지극히 크고 영원한 영광스런 중한 것'에 주목해야 한다. 이것은 우리가 계속해서 주목해 봐야만 하는, 우리 앞에 있는 즐거움이다.

우리 앞에 있는 즐거움

내 형제들아 너희가 여러 가지 시험을 당하거든 온전히 기쁘게 여기라 이는 너희 믿음의 시련이 인내를 만들어 내는 줄 너희가 앎이라 인내를 온전히 이루라 이는 너희로 온전하고 구비하여 조금도 부족함이 없게 하려 함이라(약 1:2-4)

하나님께서 "온전히 기쁘게 여기라!"고 말씀하시는 것을 주목하라. 하나님은 "조금은 기쁘게 여기고, 조금은 슬프게 여기라"고 말씀하지 않으셨다. 우리 마음속에 어떤 슬픔의 혼합물이 있어서는 안 된다. 그런데 모든 것이 잘 되어 갈 때는 '온전히 기쁘게 여기는 것'이 어렵지 않다. 그러나 그것은 하나님께서 말씀하신 것이 아니다. '온전히 기쁘게 여기는' 때는 시련의 때다.

왜 하나님은 이렇게 말씀하실까? 왜냐하면 하나님은 "… 여호와로 인하여 기뻐하는 것이 너희의 힘"(느 8:10)인 것을 아셨기 때문이다. 기쁨은 우리에게 고통과 시련을 참고 견딜 수 있는 능력을 주는 영적 힘이다.

'여호와를 기뻐하는 것'은 무엇인가? 몇 년 동안, 나는 여호와를 기뻐하는 것은 하나님께서 갖고 계시는 기쁨을 갖는 것이라고 생각했었다. 나는 그것을 연관시키는 것이 어려웠다. 그러나 하나님은 그렇게 말씀하지 않으신다.

당신은 '요리하는 기쁨'이라는 말을 들어본 적이 있는가? 요리하는 그 자체가 기쁜 것은 아니다. 이 말은 요리를 하면서 기쁨을 경험할 것이라는 거다. '여호와를 기뻐하는 것'은 우리가 하나님과의 관계에서 경험하는 기쁨이다. 하나님은 우리에게 기쁨을 주신다.

아내와 아들 셋은 나에게 기쁨을 준다. 내가 집에서 멀리 떨어져 있을 때, 그들의 사진을 보는 것만으로도 마음이 기쁘고 나에게 힘을 준다. 이것이 느헤미야가 사람들에게 말한 것이다. 그들은 힘든 세월을 보내고 있었다. 그들에게 많은 핍박이 있었다. 그래서 느헤미야는 외친다.

"이 박해로 인하여 슬퍼하지 마십시오. 하나님을 바라보십시오. 하나님을 바라볼 때, 당신의 마음에 기쁨이 가득 찰 것이고 그것은 당신에게 힘이 될 것입니다."

찬양은 당신에게서 하나님에게로 초점을 돌리게 한다. 시련의 한가운데, 당신이 대면하는 저항의 강한 압력 때문에 하나님의 능력을 보지 못하는 경우가 많다.

다윗은 시편을 대부분 기록했다. 그가 쓴 시편은 대부분 시련의 한가운데 있을 때 기록되었다. 역경 속에서도 하나님을 찬양하므로 강하게 버틸 수가 있었다.

이사야 61장 3절에서 하나님은 말씀하신다.

"무릇 시온에서 슬퍼하는 자에게 화관을 주어 그 재를 대신하며 기쁨의 기름으로 그 슬픔을 대신하며 찬송의 옷으로 그 근심을 대신하시고 그들이 의의 나무 곧 여호와께서 심으신 그 영광을 나타낼 자라 일컬음을 받게 하려 하심이라."

내가 광야에 있던 어느 날, 홀로 집에 있을 때 근심이 밀려왔다. 성경을 읽고자 집어 들었지만, 거의 읽을 수가 없었다. 그래서 기도하기 시작했지만, 기도는 더욱 어려웠다. 그런데 내 안에서 성령님이 "찬송 테이프 하나를 틀어라"고 말씀하시는 것을 감지할 수가 있었다. 그래서 스테레오 시스템이 있는 다락방에 올라가서, 찬송을 틀어 놓고 따라서 부르기 시작했다. 찬양이 끝났을 때, 나는 그 노래들을 다시 한

번 듣고 싶은 감동을 받았다. 두 번째는 내가 노래하는 것을 듣기 시작했다. 기쁨이 내 영혼에서 솟아나기 시작했고, 나는 다락방을 돌면서 춤을 추며 노래하기 시작했다. 나는 내 눈이 내 자신이 아닌 예수님의 위대하심에 주목하고 있는 것을 알았다. 30분 동안, 나는 춤을 추며 노래했다. 근심은 완전히 사라졌고, 30분 전에는 아무것도 없었지만 지금은 내 안에서 흘러 나오는 생명과 힘이 있었다.

이사야 12장 3절은 "그러므로 너희가 기쁨으로 구원의 우물들에서 물을 길으리로다"라고 말한다. 내가 하나님을 찬양했을 때, 나의 초점은 하나님께 맞춰졌고, 하나님의 기쁨을 통해 나는 구원의 우물들에서 힘을 길어 올리기 시작했다.

찬양은 우리의 환경보다는, 우리 앞에 있는 즐거움을 주목하게 한다.

> 이러므로 우리에게 구름 같이 둘러싼 허다한 증인들이 있으니 모든 무거운 것과 얽매이기 쉬운 죄를 벗어 버리고 인내로써 우리 앞에 당한 경주를 경주하며 믿음의 주요 또 온전하게 하시는 이인 예수를 바라보자 저는 그 앞에 있는 기쁨을 위하여 십자가를 참으사 부끄러움을 개의치 아니하시더니 하나님 보좌 우편에 앉으셨느니라 너희가 피곤하여 낙심하지 않기 위하여 죄인들의 이같이 자기에게 거역한 일을 참으신 이를 생각하라 너희가 죄와 싸우되 아직 피흘리기까지는 대항하지 아니하고(히 12:1-4)

예수님은 그 앞에 있는 즐거움을 주목하심으로 가장 큰 시련을 인내하셨다. 그 앞에 있는 즐거움은 십자가의 죽음 다음에 올 부활이다. 그것은 고통의 순종에 따르는 영광이다. 이것은 많은 아들과 딸들을 그분의 왕국으로 인도할 것이다.

그것은 예수님의 발자취를 따르는 우리의 방법이다. 자신을 부인하고, 육신을 십자가에 못박은 다음에는 부활의 생명이 기다리고 있다. 육신의 고통 저 건너에는 하나님의 영광이었다.

"생각하건대 현재의 고난은 장차 우리에게 나타날 영광과 비교할 수 없도다"(롬 8:18).

하나님의 영광은 예수님의 재림 이전에 교회에 나타날 것이다. 하나님의 영광이 너무나 장엄해서 모든 도시와 나라들을 그분의 구원으로 이끌 것이다. 하나님께서 깨끗하게 하신 사람들 가운데 나타내실 그런 하나님의 능력을 지금까지 본 적이 없다. 위대한 전도 운동이 뒤따를 이 부흥에는 인간의 어떤 힘도 필요하지 않을 것이다. 그것은 하나님의 능력과 영광에 의해서 촉진될 것이기 때문이다.

> 사랑하는 자들아 너희를 연단하려고 오는 불시험을 이상한 일 당하는 것 같이 이상히 여기지 말고 오히려 너희가 그리스도의 고난에 참여하는 것으로 즐거워하라 이는 그의 영광을 나타내실 때에 너희로 즐거워하고 기뻐하게 하려 함이라(벧전 4:12-13)

우리 앞에 있는 즐거움이 무엇인가? 그것은 그리스도께 순종한 결과로 고통을 당하는 우리 안에 나타나는 하나님의 영광이다. 저항이 크면 클수록 영광도 크다는 것을 알기 때문에, 당신이 당하는 고통의 정도가 당신이 즐거워하고 기뻐할 정도인 것이다. 우리 앞에 있는 즐거움, 즉 우리 안에 나타내실 하나님의 영광을 계속 주목해야 한다. 이것은 당신이 당면한 시련들을 이길 힘을 줄 것이다.

마지막 한마디

이사야 선지자가 말한 그때가 올 때까지 계속 밀고 나아가야 한다.
"마침내 위에서부터 영을 우리에게 부어 주시리니 광야가 아름다운 밭이 되며 아름다운 밭을 숲으로 여기게 되리라"(사 32:15).
광야는 우리가 전쟁 무기를 내려놓고 항복할 곳이 아니다. 광야는 하나님의 뜻을 행하기 위해서 강하고 담대하고 용맹스러워야 하는 곳이다. 광야는 우리 자신을 하나님께 복종시키고 마귀를 꾸준히 대적해야 하는 곳이다. 그러나 우리는 무엇이 마귀고 무엇이 육신인지를 분별해야 한다는 것을 기억해야 한다.
당신은 육신을 쫓아낼 수가 없다. 육신은 회개함으로 해결해야 한다. 하나님은 당신의 마음속에 무엇이 있는지 가르쳐 주기 위해 당신을 광야로 인도했다. 내가 처음에 마귀의 역사로 생각했던 많은 일들은, 사실 그리스도께 순종해야 할 부분으로서 내 속에 숨겨져 있던 내 삶의 영역이었다.
당신이 계속해서 하나님께서 위에서 부르신 소명을 추구할 때, 이 격려의 말씀들을 기억하라.

> 항상 우리를 그리스도 안에서 이기게 하시고 우리로 말미암아 각처에서 그리스도를 아는 냄새를 나타내시는 하나님께 감사하노라(고후 2:14)

> 누가 우리를 그리스도의 사랑에서 끊으리요 환난이나 곤고나 박해나 기근이나 적신이나 위험이나 칼이랴 그러나 이 모든 일에 우리를 사랑하시는 이로 말미암아 우리가 넉넉히 이기느니라(롬 8:35, 37)

> 우리 주 예수 그리스도로 말미암아 우리에게 승리를 주시는 하나님께 감사하노니(고전 15:57)

하나님을 추구하는 것을 중단하지 마라. 포기하지 마라. 주위 상황이 어떻게 보이든 상관하지 말고 당신 앞의 비전을 간직하라. 요셉이 구덩이에 던져졌을 때는 소망이 없는 것처럼 보였다. 그리고 그가 지하 감옥에 던져졌을 때는 모든 것이 끝난 것 같았다. 그때는 그의 비전이 성취되는 것이 불가능하게 보였다.

"사람으로는 할 수 없으되 하나님으로는 그렇지 아니하니 하나님으로서는 다 하실 수 있느니라"(막 10:27)를 늘 기억하기 바란다.

당신에게도 마찬가지다. 아무리 상황이 어렵더라도 기억하라.

"할 수 있거든이 무슨 말이냐 믿는 자에게는 능히 하지 못할 일이 없느니라 하시니"(막 9:23).

마음을 다하여 하나님을 계속 찾고 하나님께서 말씀을 통해 성령으로 당신에게 말씀하신 것을 믿으라. 그러면 당신은 '광야에서의 승리'를 체험할 것이다.

그리스도 안에서 하나님께서 위에서 부르신 소명이 이루어지기를 간절히 기도한다.

Victory in the Wilderness